北海道命名150年記念

ほっかいどう百年物語［上巻］

北海道の歴史を刻んだ人々――。

『北海道命名150年記念　ほっかいどう百年物語　上巻』

目次

五番館物語（ごばんかんものがたり）札幌の老舗デパートの創立者と継承者による二人の物語 ……6
伊藤亀太郎（いとうかめたろう）道内屈指の建設会社伊藤組の創業者 ……20
鈴木銃太郎（すずきじゅうたろう）依田勉三と共に十勝に入植した十勝開墾のリーダー ……35
北の湖敏満（きたのうみとしみつ）名横綱として、協会指導者として体現し続けた相撲道人生 ……49
吉田貞次郎（よしだていじろう）十勝岳大噴火で被災した上富良野村で陣頭指揮をした村長 ……64
髙江常男（たかえつねお）事故で障害を負いながらもクリーニング業を興し、百億円企業に育てた男 ……78
遠軽・カボチャ陳情団物語（えんがるかぼちゃちんじょうだんものがたり）
予算難で一時ストップした石北本線開通工事の陳情団の奮闘 ……105
中川あき（なかがわあき）厳しい開拓時代を十勝の駅逓所の女あるじとして生き抜いた人生 ……120
ジュール・ブリュネ　榎本旧幕府軍と共に新政府軍と戦ったフランス軍人 ……135
川崎静一郎（かわさきせいいちろう）北海道陸上界の基盤を築いたアスリート ……148
南雲総次郎（なぐもそうじろう）旭川盲唖学校の創立者の苦難の物語 ……162

金成マツ（かんなりまつ）知里幸恵の遺志を継ぎ、ユカラを75冊ものノートに書きおこした……173

嵯峨　久（さがひさし）釧路水産業の近代化、漁港整備に尽力した漁師……187

松前藩物語～松前慶広と松前崇広～（まつまえはんものがたり　まつまえよしひろとまつまえたかひろ）
松前藩の二人の藩主を中心に、その成り立ちから滅亡までを辿る……201

ルイス・ベーマー　道内各地でリンゴ栽培を成功させた、お雇い外国人の一人……215

郡司成忠（ぐんじしげただ）千島開発に命を賭けた海軍大尉……229

西川寅吉（にしかわとらきち）脱獄を繰り返した有名な囚人……243

花田伝七（はなだでんしち）ニシン漁で栄えた道北地方を代表する大網元……257

安達喜幸（あだちきこう）豊平館や時計台などの設計を手掛けた開拓使の建築士……272

北海道鉄道物語（ほっかいどうてつどうものがたり）北海道の歴史と共に歩んだ鉄道の物語……286

北海道命名150年記念

ほっかいどう百年物語

上巻

北海道の歴史を刻んだ人々

五番館物語

明治39年から100年以上にわたって営まれてきた札幌の老舗デパート、五番館。百貨店として札幌で最も早く名乗りをあげた五番館の歩みは、札幌の発展の歴史そのものでもありました。五番館を創立した小川二郎と、小川から店舗を譲り受け、近代的デパートの基盤をつくった小田良治、2人の五番館物語です。

赤レンガが特徴の五番館は、札幌における象徴的な存在として長く親しまれ、庶民の生活を支えてきました。

この五番館のもととなったのが、輸入種苗の販売会社「札幌興農園」です。創立者は、札幌農学校を卒業したばかりの小川二郎。彼は民間の立場から、北海道の農業を近代化させようと心血を注いだ実業家でした。

小川二郎の出身地は、島根県旧松江藩。生家は藩の御船奉行を務めていましたが、廃藩置県後、家禄を失い、苦しい生活を強いられました。そんななかでも、父は頭脳明晰な次男を東京の私塾に通わせて、東京大学の受験資格を取得させます。ところが、二郎少年が目指したのは、東大ではなく札幌農学校でした。明治維新で傾いた小川家再興のためには、一介の役人になるよりも、未知の新天地に賭ける方が良いと考えたのです。

東大に進んでほしいという父の反対を押し切って、明治21年、小川は18歳で札幌農学校に入学。彼はこの学校で、その後の人生を決定づける恩師と出会います。それは、アーサー・ブリガムというアメリカ人教師でした。

アメリカ式農業の理論と実践を指導するブリガムは、お家再興のために勉学に励む小川に、実業家になることを勧めます。しかしそれは、全く異例のことでした。通常、農学校を出ると、役人や学者、教育者となる者が多く、「士農工商」という身分制度があるように、金儲けをする商人は最も卑しい身分と考えられていた当時、商売の道に進むのは考えられないことだったからです。

しかし、ブリガムは言いました。

「アメリカは開拓時代からビジネスマンが活躍する時代へと移り変わろうとしている。日本もやがてそうなるはずだ」。そしてこうも付け加えました。「君の専門分野である農業をビジネスにして、日本の農業をアメリカのように大きく発展させる手助けをしなさい」と。

小川は恩師のこの言葉を信じ、農学校卒業者がこれまで誰も歩んでこなかった道を切り拓こうと決意を固めました。

卒業を間近に控え小川は、将来の計画について教授たちに相談します。しかし、商人＝金儲けととらえる風潮が色濃く残る時代。新渡戸稲造はじめ教授陣は、優秀な小川が商人の道に進むことに反対しました。が、そんななかで、唯一の応援者が現れます。それは、校長の佐藤昌介でした。佐藤は第1期生の同期で、最近商売を始めたばかりという渡瀬寅次郎を小川に紹介しました。

渡瀬は、欧米の農業事情を視察した経験から、日本の農業発展のためには、優良な種苗が不可欠であると、東京で輸入種苗の販売会社を興していました。さらにその輸入種苗を、寒冷地と暖かい地方のものとで交流させることによって、より良い農作物をつくることができるとも考えており、かねがね札幌に支店を開きたいという夢を持っていました。

そこに、農学校の学生が札幌で商売をしたいと相談に訪れたことから、2人の意見は合致。こう

小川二郎

して小川は渡瀬の援助によって札幌に種苗店を開くことになったのです。

明治26年、札幌農学校第11期生17名が母校を巣立ちました。ほとんどが官僚や学者の道に進む中で、小川二郎は、民間の実業界に飛び込み、南2条西1丁目にある農学校所有の禁酒会館の施設を借りて、「東京興農園札幌支店」を開設しました。

「ここが天下の農学校を卒業した学士様の始めた店だそうだ」「種など売って商売になるのかね」。町の人々はそう囁き合いましたが、若き小川はそんな噂にも動じず、恩師ブリガムと約束した「北海道農業を近代化する」という夢を実現するため、そして小川家を再興するために、希望に燃えていました。これが、のちの北海道を代表する百貨店、五番館となるのです。

ブリガム教授と札幌農学校学生一同
(中央がアーサー・ブリガム)

商売を軌道に乗せるにあたり、まず小川は、農民たちの信頼を得ることから始めました。当時、道内の入植地には、アメリカから輸入したニンジンやトマトなどの種が多く入っていましたが、それらの多くは北海道の気候に適さず、生育不良が続いていました。そこで小川は、外国産の種苗を農学校で試験栽培してもらい、寒冷地に適している品種だけを店で扱うことにしたのです。

すると、その噂は瞬く間に札幌近隣の農村に広まり、店ははるばる馬で駆けつけた農民たちでごった返しました。馬は興農園前の柵だけではつなぎきれず、周囲の街路樹にもつながれるという光景が繰り広げられました。

続いて小川は、外国産の農業機具、過リン酸石灰などの肥料販売も始めます。当時は明治維新から30年ほど経った頃で、道内各地の入植地では、肥料を施さないで農業を行ってきたツケが出始め、地力が著しく下がっていました。小川は肥料の重要性を説くとともに、新しい農機具の普及にも力を入れました。

また、商売の合間をみては、道内各地をまわって、外国の種子や栽培法、農業技術や農業経営のあり方をわかりやすく説き、さらには移住者のための土地払い下げや開墾設計図づくりや農民学校まで開いて指導にあたりました。

彼のこうした活動は、農業コンサルタントそのものであり、道庁までもが小川の指導を手本としました。もはや「札幌農学校出身者が商人などに」と笑う者は一人もいませんでした。農学校でアメリカの進んだ農業経営を学んだ彼だからこそ、北海道農業の未来を考えることができることに、誰もが気づいたのです。

明治32年、ついに東京の本店からのれん分けが叶い、「札幌興農園」が新たに誕生。独立後、最も力を入れたのは、アメリカ産の種子で作った牧草の販売でした。広大な農場に、牛や馬の食糧となる牧草を植えることで、空き地の有効利用ができるという彼のアイディアは、またしても大ヒット。これが陸軍の耳にも届き、明治37年の日露戦争では、牧草を戦地へ送るという重要な任務を与えられます。これが軍馬に欠くことのできない貴重な飼料となり、彼のもとには巨額の富がもたらされることとなったのです。

2年後、小川はこの資金をもとに、札幌中心街、北4条西3丁目にひときわ目立つレンガ造りの2階建て店舗を新築しました。店の名を決めるにあたっては、横浜の店では「何番館」という名前が多いと聞いたことがあったことから、それにあやかろうと考えました。「うちの電話番号は五番だから、五番館。これでいこう」

こうして明治39年、北海道における初の百貨店、五番館興農園が誕生したのです。

五番館興農園は、これまでの外国産種苗や農機具のほかに、ゴム長靴やスキー、スケート、石けんなどの日用品も扱うようになりま

五番館興農園

す。美しい赤レンガ造りの建物と、百貨店の物珍しさに、オープン時は札幌近郊から客がドッと押し寄せ、大きな話題となりました。

ところがここで、小川にも予想できなかった誤算が起きました。日露戦争に勝利し、国力が大きく増した日本は、戦後、その反動で深刻なインフレに襲われたのです。特に札幌では水害や大火が相次ぎ、町の景気は急降下していました。五番館興農園もその影響を受け、小川は苦しい資金繰りの中で懸命に営業を続けますが、明治41年に、銀行が支払い停止を行うという大事件が起こり、市民生活に大打撃を与えます。これにより、開拓使以来の老舗が相次いで倒産の憂き目に遭い、五番館興農園も経営が行き詰まりました。そしてついに明治42年、彼が苦心して築き上げた店は人手に渡ることになったのです。

小川の挑戦は失敗に終わりました。が、彼自身に後悔はありませんでした。それは彼の本質が単なる実業家ではなく、あくまで農民の立場に立った農業者であったからです。彼は、この時点で北海道がアメリカに劣らぬ農業地に発展したことに十分満足していたのです。

小川は五番館から手を引いた後も農業指導に奔走し、彼の功績によって北海道には多くの種苗店や農園が設立されました。また、自費で殺風景な大通公園に芝生を敷き、花壇をつくって美しい街並みを整備するなど、終生土に親しみ続け、昭和31年、87年の農業一筋の人生に幕を下ろしました。

さて、この小川二郎が創業した五番館興農園を買ったのが、小川の取引相手で、五番館の日用品の仕入れ先である三井物産の札幌支店長・小田良治でした。小田は五番館の経営が傾き始めてからは資金の援助を行ってきましたが、小川に店を託されて以降、これを全力で守ることに精力を傾けました。

この小田良治のもとで、五番館は百貨店としての基盤を築いていくのです。

五番館興農園の経営者となった小田良治は明治5年、大分県旧木下藩の医師の四男として生まれました。小田家は古くから九州の豪族の家系で、優秀な良治は18歳で単身アメリカに渡り、サンフランシスコ商業高校に入学。明治25年には、地元のアメリカ人を差し置いて首席で卒業したというのですから、彼の語学力は相当なものでした。そしてこの能力が、彼の将来を決定する大きな要素ともなるのです。

卒業後間もなく、小田は知人を誘ってニューヨークのウォール街で、日本の商品を売る店を開きます。世界の流行の最先端であるこの街での商売は、後に彼が五番館の経営を近代化させるのにおおいに役立ちました。

明治30年、商品仕入れのため帰国した際、小田は取引先からその語学力とアメリカ仕込みのビジネスマンの腕を買われ、大手商社の三井物産に引き抜かれます。三井物産ではこの頃すでに函館、小樽、札幌に出張所を設けて北海道進出を図っており、小田は入社後間もなく札幌出張所の所長に抜擢されました。

小田が所長時代に手掛けた最も大きな事業は、やはり五番館の経営でした。三井物産から全面的に経営権を任された小田は、小川から引き継いだ五番館をすぐに改修し、売り場面積を4倍の800坪に広げ、資本金も150万円に増額します。

小田良治

「今度の経営者さんは、こんな不景気の時代に思い切ったことをして大丈夫なのかね。すぐに店をたたむことになるのではないだろうか」

小川二郎の事業失敗を知っていた町の人々は、五番館の行く末を案じましたが、小田には確かな勝算がありました。不景気だからこそ、アメリカで学んだ資本主義を経営面で実践し、札幌の商業界に新風を巻き起こそうと考えたのです。

またもうひとつ、五番館の立地条件も、小田が勝負に出た大きな要素でした。店の前にある札幌駅は明治41年に新しい駅舎が建てられ、乗降客が年々増加していました。さらに、馬車鉄道の路線が札幌駅まで延び、これを利用する客と国鉄を利用する客で、駅前は大変賑わっていたため、五番館は非常に良い環境に置かれていたのです。

小田は札幌で初めての近代的デパートを創業するにあたり、店の名称から「興農園」の名を外し、「デパートメント・五番館」と銘打ちました。

取り扱いの商品は、これまでの国内百貨に加えて、外国の雑貨、食料品、缶詰類にまで広げました。また、女性従業員も多く採用。現在は、常識である、店頭に女性店員を立たせることも、当時は斬新なアイディアとして大きな話題を呼びました。

こうして明治45年に新たにオープンした五番館は、これまでの農業関係者から客層を一気に広げ、一般人、特にハイカラを好む若い世代に圧倒的支持を受けました。道内各地から列車に乗って多くの客が五番館に訪れ、不況の中で大きな利益を上げることに成功したのです。

さらに小田は、販売方法についても新しい制度を設けました。それは店頭の現金販売。当時は、どんな店でも、約束で商品を先に渡し、後日代金を支払ってもらうという「掛け売り販売」が一般的でした。それを、その場で現金を支払うという現金販売に重点を置いたことで、

デパートメント五番館

資金繰りが安定し、経営を軌道に乗せることができたのです。

長らく不況が続いた日本も、第一次世界大戦の戦後景気で息を吹き返し、特に札幌は、大正7年に行われた開道五十年記念北海道博覧会も重なって、好景気に沸きました。ところが、戦後しばらく経った頃、再び不景気の波に襲われ、札幌中心街の店は軒並み売り上げを落としたのです。

そんな時、小田はまた五番館の事業拡大を図って、アメリカ・フォード社から自動車の輸入販売を行うのです。これは、国産自動車でさえ持っている者が少ない当時としては、非常に画期的な事業でした。

小田はかねがね「日本は道路を整備して、観光資源を開発しなければならない」という進んだ考えを持っており、自動車の輸入は、それを実現させるための手段でした。また、それは同時に、これまでにはなかった富裕層の顧客を取り込む戦略でもありました。そのため、五番館では、5円以上の買い物をしたお客様を、このフォード自動車で送り届けるというサービスを行い、自動車販売の宣伝に積極的に努めました。

この自動車販売と並行して力を入れたのが、食品部。石狩の鮭漁場の仕入先を拡張するなどし、新鮮な食材を扱うことを心掛けました。

その後昭和に入ると、フォードとの契約を解除し、日本のトヨタ自動車と代理店契約を結びます。

この頃になると国産自動車の販売台数も飛躍的に伸び、五番館はそのディーラーとして、多くのシェアを誇りました。

こうして数々の画期的取り組みで、デパート経営に手腕を発揮した小田良治でしたが、それは彼の持ち前のアイディア力もさることながら、海外視察での勉強の成果の現れでした。彼は信頼できる部下たちを育て上げ、彼らに五番館の経営を任せると、妻を連れて度々欧米やアフリカ視察に出かけました。

ある時はまる3年に及ぶ長期の視察旅行を行い、アメリカでは120ものホテルに宿泊。妻に泊まったホテルのサービスについて詳細なメモをとらせ、彼自身も克明な日記をつけて、それを五番館のサービス向上に生かしました。

また、彼が何よりも気を配ったのが、職場が従業員たちにとって、働きやすい環境であるかという点でした。企業のトップがお客様に目を向けたサービスばかりを考えたところで、実際に接客する従業員の心身の安定が図れなければ、デパートは良い雰囲気にはならないからです。

彼はよく従業員を一堂に集めて、こう言いました。

「私は五番館丸の船長、君たちは船員だ。船の上では互いに協力し、信頼し合わないと、沈没してしまう。舵取り、気象係、料理係、掃除係、それぞれの役割をしっかり果たしてこそ、しっかりと航行ができるのだ。君たちが配置についているのは、どれもみな欠けてはならない大事な業務。笑顔でしっかりと頑張ってほしい」

小田は、夜8時までの勤務で銭湯に行く時間のない従業員たちのために、更衣室に風呂場をつくったり、牧場から新鮮な牛乳を取り寄せて飲ませたりと、健康管理に気を配って従業員を大事にしました。


しかし、世の中が第二次世界大戦に突入すると、五番館にも試練が訪れます。食糧や生活必需品が配給制となったため、仕入れも苦しくなり、男性従業員がどんどん戦争に取られていきました。やがて戦争が苛烈になっていった昭和18年には、建物が軍事事業所として陸軍に接収されてしまいます。五番館は第一製作所として兵士が使う鉄かぶとの製造を命じられ、売り場を改装して女性たちが作業にあたりました。

そんな世の情勢を憂いながら、小田良治はこの年、72歳で永眠。最期まで五番館の行く末を案じながら、静かに息を引き取りました。

その生涯を振り返ると、小田良治は単に五番館デパートの基盤をつくっただけではなく、アメリカ資本主義の精神をあますことなく発揮し、札幌の経済の発展を推し進めた、大実業家とも言えるでしょう。

小田良治から引き継がれた赤レンガの五番館は、戦後、再び活気が戻り、高度成長期に突入した昭和33年には、近代ビルとしての建て替えが行われました。さらに昭和47年には、地下3階、地上8階の新店舗が完成し、繁栄の一途をたどりましたが、この頃から、東急百貨店、そごうデパートなど、相次ぐ札幌駅周辺の出店ラッシュに押され気味になり、経営は徐々に悪化していきます。その後、急速に競争力を失った五番館は、西武百貨店と提携し、社名も「五番館西武」と改称されました。

長らく親しんだ五番館の名称が変わり、札幌市民も一抹の寂しさを感じましたが、平成9年にはさらに「札幌西武」に変更。五番館の名前は札幌駅前から完全に消え去り、赤レンガデパートのイメージを残すのみとなりました。

そして13年後の平成21年9月30日をもって、五番館は多くの北海道民に惜しまれながら、その長い歴史に終止符を打つことになります。

明治27年、小川二郎が始めた札幌興農園から、小田良治による北海道初のデパートとして発展し、道内外から高い評価を得てきた歴史的文化遺産、五番館。１００年の歴史を閉じた今も、２人の創業者の精神は北海道経済に残っています。

伊《い》藤《とう》　亀《かめ》太《た》郎《ろう》

1863～1944

明治期から北海道の開発事業に大きく携わり、道内屈指の建設会社として名を馳せてきた札幌の伊藤組。その創業者は、新潟出身の大工、伊藤亀太郎でした。「誠心誠意」「責任観念」をモットーにした彼の経営方針は、各方面から大きな信頼を得、以後3代にわたってその遺志は引き継がれてきています。

旧札幌駅、旧札幌郵便局、札幌北一条教会、ジョン・バチェラー邸。これらは明治から昭和にかけての名建築物と言われています。近年では、北海道立近代美術館、札幌市青少年科学館、芸術の森アートホール、そして道央道江別インターチェンジ、北海道庁新庁舎など。これら多様な建造物を数多く手掛けてきたのが、創業１２５年、現在社員360人を擁し、北海道の建設業界を牽引する伊藤組です。しかしそこには初代・伊藤亀太郎の人柄と血のにじむような努力が、大きな地盤として敷かれていました。

仕事には常に誠実をもってあたり、大手の建設会社に成長後も、常に現場を見回っては「皆さん、立派に仕事を仕上げてくださいよ」と口癖のように言っていた伊藤亀太郎。こぼれた釘や木くずがあれば、それを拾って、職人の目につきやすい窓枠などに置いておくなど、無言の中に見本を示しました。

このような謙虚なプロ意識は、業界から「伊藤に仕事を頼めば間違いはない」という絶大な評価を得ることとなったのです。


伊藤亀太郎は、新潟県出雲崎において、父・伊藤栄吉と母・クニの次男として誕生しました。伊藤家は代々大工を生業としており、父は優れた宮大工でしたが、子どもが多く、どれほど働いても家計は楽にはなりませんでした。

そこで父は明治以降、開拓使の仕事が盛んな北海道での仕事に就くようになり、毎年、札幌や小樽に渡っては建築の下請けをしました。そんな父のように、将来は自分も大工になりたいと、夢を膨らませた亀太郎は、13歳になった明治9年、遠縁にあたる出雲崎内の井ノ鼻町大工棟梁、金泉《かないずみ》栄吉のもとに弟子入りします。師匠から一人前の大工として許されたのは、19歳の時。「よし、これで親父を安心させてやれる」と、6年ぶりに喜び勇んで諏訪町の自宅にもどりました。ところが、思いもよらない知らせが待ち受けていました。

「親父が行方不明？　あれから一度も帰ってこないって？」

父は、亀太郎が奉公に入る3年前の明治6年、大工や人夫を80人も集めて小樽に出稼ぎに行きましたが、そのまま音信不通となっていたのです。

しかし、これには理由がありました。景気よく乗り込んだ小樽の工事が中止となったため、父は膨大な借金を背負ってしまい、仕事を探して札幌、伊達、岩手、秋田と各地を転々としていたのです。その間、故郷を顧みる暇などなく、ただがむしゃらに働くだけの日々でした。

父がいないまま、母との生活を再開させた亀太郎は、21歳の時、妻のデンを娶って所帯を構えます。それでも気がかりなのは父の行方。そこで新婚早々、妻に母を預けて父探しの旅に出かけました。

新潟、山形、秋田と、心当たりの工事現場をあたりながら、行く先々で働いて日銭を稼ぎ、次に北海道へと渡ります。小樽

伊藤亀太郎（中央）と妻デン、母クニ、
3人の子どもたち、右端が豊次

から札幌、さらに伊達と、父が働いたという噂のある土地を訪ね歩きましたが、消息はつかめず、最後にかつての奉公先で函館に居を移していた金泉栄吉師匠のもとへたどり着きました。そこでようやく父が秋田の小坂《こさか》鉱山で働いていることを突き止め、親子は13年ぶりの再会を果たしたのです。

「亀太郎か……? なんとまあ、立派になって……。すまなかったな」

「親父、もういい。もう働かなくていい。俺、親父と同じ大工になったんだ。これからは親孝行するから、ゆっくり体を休めてくれよ」

涙、涙で、互いの無事を喜び合った2人は、手を取り合って、亀太郎の馴染みの土地・函館に新たな住まいを構えました。

亀太郎はこの4カ月間の旅で、すっかり北海道に魅せられました。各地で盛んにこだまする開拓の槌音、そして北海道で一旗揚げようと希望に燃える男たちの荒々しい息吹が、強烈な印象となって脳裏に刻みこまれ、永住するなら北海道と決めていたのです。

翌年、亀太郎は自らの手で函館に自宅を建て、故郷から母と妹を呼び寄せて、ようやく家族全員がひとつ屋根の下に集いました。ところがその喜びも束の間、父は長年の無理がたたって間もなく病気で亡くなってしまうのです。

「親父、見ていてくれ。俺はいつの日にか、必ず伊藤家の家運を盛り返す。越後の伊藤家、北海道にありきと、世に知らしめてやる!」

亀太郎は、亡き父の墓前に誓いました。

明治23年、27歳となった亀太郎は、単身小樽へ渡り、当時、建築業界で名を知られた小林茂三郎《もさぶろう》のもとで働き始めます。ここで彼は、生真面目さと負けじ魂が買われて、仕事の一切を差配する帳場に抜擢されます。

正規の教育を受けておらず、文字の読み書きも不得意な亀太郎でしたが、骨身を惜しまない勤勉さと不屈の努力でそれらを補い、親方をはじめ周囲の人々の信頼を勝ち取っていったのです。

その頃、明治25年5月、人口2万6千人の札幌では未曾有の大火災が起こりました。全市街の実に5分の1が焼け、また、警察署や裁判所などの官公庁も多く焼失した、歴史に残る札幌大火です。

親方の小林は、札幌の復興を手助けするために、札幌出張所を開設し、亀太郎を所長に任じました。

「いいか、亀太郎。これは決して火事場の荒稼ぎではない。むしろ札幌は不景気のどん底だ。だが、こんな最悪の時期こそ、商売の基礎を見直す良い機会だ」

この小林のもとで工事請負事業の経験を積み、業界のあり方を知った亀太郎は、親方の勧めもあって、数カ月後、母が亡くなったのを機に、妻を札幌に呼び寄せ、独立に踏み切りました。

「親方、3年間の短い間でしたが、大変お世話になりました。今はまだまだ不景気に見舞われていて、請負工事は少なく、職人も札幌から流出している状態ですが、親方を見習って、このどん底であえて旗揚げをしたいと思います」

「うむ、今、時代は新しい建築の力が望まれている。お前の腕は一流だ。お前なら必ず成功できる。困った時はいつでも来なさい」

明治26年5月、小林のもとを去り、伊藤組を創業した伊藤亀太郎、この時30歳。125年経った今も伊藤組の誇りを表す菱形に「小」の字の社章は、亀太郎が恩人・小林茂三郎の頭文字を取ってつけたものでした。


亀太郎が独り立ちした頃の北海道は、開拓がようやく軌道に乗ったばかりで、全てが発展の途上にありました。鉄道は三笠―小樽、夕張―室蘭の2つの幹線しかなく、路線の延長工事が急がれており、まず亀太郎はこの鉄道工事に目を付けました。

「鉄道はいい。うちのような小さな組にはもってこいだ」

小林の元にいた頃から鉄道工事でノウハウを培っていた亀太郎は、独立後、さらに密着して、停車場、機関庫を請け負い、また他にも当時盛んだった屯田兵屋建設を手掛けるなど、着実に実績

南小樽駅付近の石積み工事
（前列左から３人目が伊藤亀太郎）

を伸ばしていきました。

そんななかで明治30年代になると、風変わりな仕事が入ってきます。

「住宅ですか？　それも外国人の住まい？　うーむ、わかりました、やってみましょう」

それは、イギリス人宣教師、ジョン・バチェラーの邸宅でした。彼は明治10年に北海道に渡り、アイヌ民族に対する布教と生活向上のために活動した社会事業家でもありました。そのバチェラーが札幌に移住する際の住まいを、亀太郎に依頼したのです。

「外国人のための建築物かぁ。札幌にいる外国人は皆官舎に住んでいるし、参考になるものがほとんどないな。だが、誠心誠意を込めてつくったものは、必ず喜んでもらえるはずだ」

これまで屯田兵屋や鉄道ばかりを手掛けてきた亀太郎にしてみれば、初のモダン建築物への挑戦でしたが、一流設計士に依頼して、苦労の末に完成させた住宅は、キリスト教伝道者に相応しい、現代風の質素な洋風住宅でした。バチェラーはこの住まいを大変気に入り、札幌を去る晩年まで長く暮らし続けました。

このバチェラー邸は現在も、当時の面影を残す貴重な建築物として、北大植物園内に移築、保存されています。

こうして、彼の確かな腕と実直な性格で、「伊藤組」の名は徐々に広まっていきましたが、亀太郎にとって幸いしたのは、鉄道ブームだけではありません。日清戦争、日露戦争と続いた軍需景気も大きかったのです。

明治28年に終結した日清戦争によって、北辺の防備を重要視した政府は、旭川に常設の陸軍、第七師団の建設を急がせました。当時の金額で総工費560万円を超える、北海道では前代未聞の巨大建設工事を請け負ったのは、日本を代表する大手建設会社、大倉土木組。

これまでも、大倉土木組から屯田兵屋の仕事などを請けていた亀太郎は、バチェラー邸が完成した翌年の明治32年、その下請けとして、この第七師団建設に参加しました。その際彼は、大工100人を指揮して、兵舎や司令官官舎など、主要な建築工事を完成させたのです。

この時の統率力が業界で高く評価されたとともに、出来栄えも他のものとは比較にならないほど素晴らしいと言われ、伊藤組はついに建築業者としての地位を不動のものとしました。

「この業界で何よりも大事なのは信用だ。それにはまずは私自身が、大工や職員たちに信用されなければならない。彼らが私を信じて、確実な仕事をしてくれれば、元請けや依頼主からは『伊藤に任せれ

旭川第七師団司令部

ば間違いない』と思ってもらえる。私が公私ともに誠実な人間であることが最も重要なんだ」

この成功に浮かれないよう、亀太郎は自らを戒めました。

建設の槌音が高らかに鳴り響く一方で、戦後の慌ただしい世相や経済変動の激しい波にもまれる北海道。まさに黎明期の新天地で、伊藤亀太郎率いる伊藤組は、こうしてスタートを切ったのです。


明治後期になると、亀太郎は鉄道関係ばかりでなく、札幌や函館を中心に、それぞれの街を代表するような官公庁庁舎や学校建築を手掛けるようになります。明治35年には、全道で最も人口の多い函館で函館区役所を、翌年には札幌農学校新キャンパスを建築。いずれもフランス風の洋風建築物で、建物見たさに見物客が訪れるほどの美しい出来栄えでした。

他にも、北海道行政の要である北海道庁本庁舎や、また、趣向を凝らしてヨーロッパ中世のロマネスク様式で建てられた札幌郵便局は、おとぎ話に出てきそうな楽しいデザインとして、長らく札幌市民に親しまれました。

そして、明治44年に発生した稚内大火の際は、稚内尋常高等小学校、宗谷支庁舎、宗谷警察署、稚内郵便局を復旧させ、それらすべてを洋風建築のスタイルで貫き、街並みの美化にも努めました。

そんな頃、亀太郎にさらに忙しい仕事の依頼が舞い込みます。それは樺太守備隊の官舎建築でした。日露戦争の勝利で南樺太領土を獲得した日本は、大陸への進出に伴って、大急ぎで樺太の守備を整えなければなりませんでした。その建設工事を、第七師団建設で成功を収めた伊藤組に発注してきたのです。

「ここが伊藤組の力の見せ所だ。全力を投じて、樺太の大工事にあたるぞ！」

日本領となったばかりの樺太の豊原や大泊で、樺太守備隊の司令部庁舎や兵舎の建築工事を手掛けることとなった亀太郎の脳裏には、この大陸進出に伊藤組の発展が重なり合いました。

設計にもこだわり、東大建築学科を卒業したばかりの新進建築家を招き入れて、充実した設計チームを結成。建築物はゴシック式の本格洋風建築のデザインにし、一連の工事すべてを直接亀太郎が施工するという、大変な力の入れようでした。

さらに明治44年、48歳の時には、朝鮮半島にも進出し、ソウルに出張所を設けて、陸軍の兵舎建設工事なども請け負いましたが、5年後には早々に見切りをつけて、引揚げてしまうのです。

「今は他の建築業者もどんどん大陸に進出してきています。もう少し辛抱すれば、満州の仕事も入ってくるかもしれません」

「いいや、ここらが潮時だ。これ以上、大陸の仕事は伸びないとわしは判断した。それに、北海道開発を志した、創業時の初心に返りたいのだよ」

亀太郎はそう言うと、潔く撤退し、以降は初心を貫いて北海道の建設事業に専念することとなりました。

やがて大正時代に入ると、木造から鉄筋コンクリート構造の建築物が主流になり、亀太郎は、新時代のニーズに合った手法で、室蘭駅機関庫、函館駅駅舎、北海道鉄道管理局札幌工場などを手掛け、着実に伊藤組の基礎を固めていきました。

そんな中で大正7年に開かれた「開道五十年記念北海道博覧会」の工事は、まさに伊藤組の真骨頂でした。これは、明治2年の開拓使設置から数えて50年目にあたる記念式典で、50日間にわたって開催され、全国から観光客を集める、北海道としては初の大行事。主会場の中島公園に建設した建物は、全国各地の出展会場をはじめ、道内の産業館を合わせて50棟という数の多さで、これを全て伊藤組が請け負ったのです。

「いいか、8月1日の開催に合わせて、7月半ばには全ての工事を完了させる。大変だと思うが、ここで我々の真価が試される。心してあたってくれ！」

亀太郎と大勢の大工、職員が一丸となって行った突貫工事で、わずか2カ月で完成させて関係者たちをおおいに驚かせました。

しかし、最後の最後でのっぴきならない事態が起こりました。会場のシンボルとなる、高さ30メートルの北極塔を建てる段階になって、これに必要な15メートルの長尺材が手に入らなかったのです。

「方々にあたってみましたが、どこも15メートルの木材など見たこともないと言って…どうしても見つかりませんでした。すみません」

「なに？　あれはこの博覧会の顔なんだぞ。よし、わしが山に入って直に探して来る！」

普段は冷静沈着な亀太郎も、この時ばかりはさすがに血眼になって、全道の山林を探し回りました。そしてようやく道北の中頓別町マツネシリの山奥で探し当て、開幕ギリギリで間に合わせることができたのです。

このエピソードは業者たちの間で「さすがは伊藤組」と言わしめ、長く語り草になりました。そして、入場者数１４０万人を超えた博覧会もまた、無事成功を収め、北海道の輝かしい歴史の１ページを刻みました。


この時、亀太郎が探し出した木材は、伊藤組が所有する松音知山林から切り出したものでした。じつは創業3年目の明治28年、亀太郎は、早くも山林の確保に着目し、木挽工場を設立して、建築資材の供給を始めたのです。それは、当時の木造を主とした

開道五十年記念
北海道博覧会　北極塔

建築業界にあって、大工出身の亀太郎だからこそ気づいた視点でした。

亀太郎は全道各地の山林を次々と買い入れていき、いつしかその面積は8千ヘクタールを超え、製紙会社をもしのぐ山林主となりました。工事量では伊藤組を上回る他の業者も、「あの財産には勝てない」と舌を巻いたほど、亀太郎は先見の明に秀でていたのです。

そして、この山林や製材所を管理したのが、田中銀次郎という支配人でした。田中は、明治32年に亀太郎が第七師団の工事を引き受けた際、現場の切り盛りをする帳場として亀太郎を助け、以来、兄弟以上の強い絆を結び、二人三脚で伊藤組を育ててきたのです。

ある時はこんなことがありました。現在の札幌南高である札幌一中の新築工事が発注された際、道庁の予算が少なくてどこも辞退したのを、亀太郎だけが引き受けました。しかし、田中が現場を回ってみると、設計仕様通りで廊下の腰羽目板に上小節材が使われ、特に問題はなかったが、これを見た田中は烈火のごとく怒りました。

「この建物は学校なんだぞ！　ここからは将来大臣も陸海軍の大将も出るだろう。そういう人たちが卒業したのち、自分の学んだ学校が貧弱だったと思い出されたら、伊藤組の名に関わる。今すぐぶっ壊してしまえ！」

田中銀次郎

そう言って、張り終えていた床も壁も全てはがさせ、無節材に張りかえさせました。

このように気風の良かった田中は、業界でも非常に評判が高く、他の建設会社の社長たちも、我が社に田中のような男がいてくれたらと思ったほどだったと言います。そんな田中がとことん忠誠を誓った亀太郎もまた、大きな器量の持ち主だったのです。


亀太郎は、現場まわりを欠かさず、職員第一を信条とし、また長期の出張をしている職員に対しては、その留守宅を訪問し、家族に近況を知らせるなどの心遣いも欠かしませんでした。職員たちもそのような亀太郎を心から尊敬し、信頼していました。

しかし、開道五十年記念北海道博覧会を終えた頃から、長年にわたりがむしゃらに働いてきた疲労が一気に押し寄せた亀太郎は、大正12年、還暦を機に、全ての事業を長男の豊次に委ねて第一線を退きました。

「地盤は敷いた。仕事はもう思い残すことはない。あとはこれまで世話になった方々や世の中に対して、報恩感謝の思いを尽くしていきたい」

そう言って、引退後は全国の神社や寺をめぐって穏やかな余生を過ごし、そして昭和19年、いよいよ発展する家業を喜びながら、80歳の天寿を全うしました。

明治から大正にかけて、風土に密着した建造物を数多く残した伊藤亀太郎。その一生は、まさに北海道開発の一本道を歩んだ人生でした。現在の伊藤組の社是には「誠心誠意」と「責任観念」の2つの言葉がバックボーンとして、創業者から脈々と受け継がれているのです。

鈴木《すずき》 銃太郎《じゅうたろう》

1856〜1926

十勝開墾の祖といえば、「晩成社の依田勉三」と言われますが、その依田勉三と共に十勝に入植し、後に芽室や更別の大地を耕した鈴木銃太郎の果たした役割も見逃せません。その業績は依田勉三に勝るとも劣らないものでした。

明治時代、帯広に最初に団体入植した「晩成社」。

「晩成社」の社名は、「大器晩成」にちなみ、開墾には長い時間がかかるけれど、いつの日か必ず成功してみせるという依田勉三の願いが込められていました。

依田家は静岡県伊豆の豪農で、もとは甲斐の武田家に仕えた重臣でもあり、織田信長との戦いに敗れて以来、帰農して農業を営むようになった由緒ある家柄。明治維新後、勉三の兄は、静岡の群長、銀行頭取、国会議員などを務め、地元の名士として活躍していました。

北海道・十勝を拓く資本金は、この依田一族13名が出資した5万円で、現在の金額に換算して1億円以上。その資本を元に、政府から十勝の土地1万ヘクタールの無償払い下げを受け、入植者を募って15年で開墾するというのが、この「晩成社」の計画でした。

社長には勉三の兄が就任しましたが、現地に入植し、実質的に会社を動かすのは弟で副社長の勉三。こうして勉三と幹部の鈴木銃太郎、渡辺勝《まさる》の率いる十勝開拓団27名は、明治16年、志高くいざ十勝に入植したのです。

勉三の親友で、晩成社幹部の鈴木銃太郎の出身地は、現在の長野県である信濃国上田藩。父は上田藩の会読頭取と武学校の御目付で、明治維新の12年前、長男が誕生。この年、鉄砲が武士の表芸に加えられたのを記念して、父は息子に「銃太郎」と名付けました。

鈴木家は廃藩置県の翌明治5年、一家を挙げて上田から上京しました。先進的な考えを持つ父は、築地のキリスト教会に通い始め、そこで牧師が日本の幸福を祈ったことに深く感動し、家族全員に洗礼を受けさせました。キリスト教徒となった銃太郎は、その後、ワッデル宣教師の英語塾に入ります。このワッデル塾で机を並べたのが、依田勉三と渡辺勝でした。

渡辺勝は、のちに銃太郎の妹カネと結婚し、ともに晩成社の幹部として十勝に入植します。渡辺家は尾張徳川家の槍の指南役を務めた家柄で、サムライ魂を持つ3人は意気投合し、毎日のように近代日本の行く末を熱く語り合いました。

依田勉三

卒業後勉三は慶應義塾に進み、福沢諭吉の薫陶を受けて北海道や海外で土地を拓くことの重要性を強く意識します。勉三は開拓使顧問、ホーレス・ケプロンが書いた北海道視察報告書を読んだり、札幌農学校設立の噂を耳にするたび、まだ見ぬ北海道への憧れを強くしていきました。

そして明治14年、勉三28歳の時、自分が入植すべき土地を決めようとついに単身北海道へ渡ったのです。道内各地を歩く中、入植地を十勝にしようと決めたのは豊頃町大津の宿屋主人からこんな話を聞いたからでした。

「ここより内陸に入った十勝は肥えた土がいっぱいだそうだ。見てきたもん、みんな言っとる。農業で成功したいんなら十勝にいったらええ…。入植者はまだ、だーれも手をつけとらんしな」

流通手段がなく誰もまだ見向きもしない「十勝」。勉三は直感的に「ここしかない」と思いました。すぐさま開拓使に出向き土地の払い下げを申し出ます。しかし役人は、「まだ石狩の開墾が始まったばかりで、十勝は我々もよく知らない。石狩管内のほうが無難じゃないか」と、札幌近郊の苗穂村を勧めましたが、しかし勉三は、あくまで十勝平野が目標と言い、キッパリとその申し出を断りました。

静岡に戻った勉三は早々に依田一族に出資金交渉を始めます。

十勝平野に10キロ四方、約1万ヘクタールの開墾が成功したあかつきには、その出資金が倍以上になることを説明された親族たちは、勉三の意気込みとその強い意思を信じ勉三にお金を預けます。こうして「晩成社」が設立されたのです。

この頃ワッデル塾時代の親友、鈴木銃太郎は築地の神学校を経て伝道師として活動、また渡辺勝はワッデル塾で英語教師をしながら慶應義塾に通っていました。

2人は「晩成社」の設立意義や勉三の心意気に強く惹かれ、十勝入植の協力を申し出ます。銃太郎の父もまた「新天地を耕すことこそかつて武士だった者の生きる道だ」と元士族の集団入植を後押ししました。

鈴木銃太郎親子、そして妹のカネも渡辺勝の妻となり鈴木家からは3人が十勝へ渡る決意を固めます。

晩成社設立から2ヵ月後の明治15年6月、銃太郎と勉三は土地払い下げの正式手続きを取るため北海道へ渡りました。この時銃太郎26歳、勉三29歳。2人はどんな険しい山道も馬に乗らず自分たちの足で歩きました。開墾を成功させるための厳しい生活はもう始まっている、そう考えたのです。

そして横浜を出てから40日後、銃太郎たちは十勝に到着しました。

「広い……！　これほど広い土地が日本にあったのか…」

見渡す限りの原野、東に十勝川、南に札内川、北に帯広川、十勝はまさに肥沃な大地そのものでした。

「ここはオベリベリといって、アイヌ語で『湧水の流れる口』という意味だそうだ。鈴木君、我々の第二の故郷をここに決めていいな？」

「もちろんだ、依田さん。さあ、さっそく行動開始だ」

勉三は入植者を募るため伊豆へ戻り、銃太郎は現地に残って一人開墾の準備を始めました。まずは住むための小屋作り。木と笹などで屋根と壁を囲った、通称「拝み小屋」を建て、続いて土を起こし豆や麦を植えました。これが和人による帯広で初めての入植となりました。

まだ、誰もいない、何も無い大自然の中での生活。毎日太陽が昇り、そして沈み、真っ暗な闇と一人で向き合う長い時間。強い意志で十勝にやってきたものの、その孤独感は日を追う毎に強くなります。そんな時、銃太郎と現地に住むアイヌの人々との交流が始まります。彼らから厳寒の地で生き抜く知恵を授かり、食糧を分け与えてもらいながら長い冬を過ごし、春を待ちわびました。

一方、伊豆に戻った勉三は、地元の農民や旧士族たちに移住を呼び掛けました。熱弁を振るう勉三でしたが、北海道という地名さえ知らない人々がおいそれと誘いに乗る訳は無く、ましてや日本の北の果てに温暖な静岡で育った人が行こうと思うはずがないのです。それでも「貧しい今の暮らしから大地主になれるかもしれない」と言う勉三の言葉に心が動き、数十人が入植を決意したのです。

こうして明治16年春、勉三は銃太郎の父や幹部の渡辺勝ら13家族とともに、十勝に向かって出発しました。一冬を一人孤独に耐え続けた銃太郎は、入植団の到着を首を長くして待ちました。郵便も電話も無い時代。本当に来てくれるのか……時にはそう思った日もあったことでしょう。そしてついに勉三率いる入植団が十勝に到着。彼らの姿を見た銃太郎は涙を流して喜びました。

しかし、そこからが波乱の連続でした。開墾地の生活は生易しいものではありません。原生林を切り拓き、根の深い樹木に鍬をおろす作業は大変な重労働。十勝の夏は静岡にも負けない暑さ。むき出しの肌のまま作業すると蚊やブヨが襲って来て血を吸い腫れ上がるので全身布で覆い、目だけを出しての農作業。そうすると今度は「あせも」ができる。泣きたくなるような苦しい農作業が続きました。女たちは赤ん坊を自らで取り上げ、馬鈴薯と山菜ばかりの食事の中、出ない乳と格闘しながら子供を育てました。

父親と同居した銃太郎は、この頃開拓の仕事に協力していたアイヌの人々の中にいた若い娘と結婚し、さらなる責任感が生まれ懸命に作業にまい進します。畑を耕し、晩成社の幹部として事務処理をし、そしてキリスト教の伝道師として入植者たちの相談に応じるめまぐるしい日々。銃太郎や入植者たちにとって、秋の豊作だけが唯一の頼みであり、希望の光でした。

ところがその後、思いもよらない事態が次々と起こります。順調に成長していたはずの農作物は、7月の炎天下続きで発育が止まり、8月にはイナゴの大群が来襲。晴天の空を暗く覆うほどのイナゴは、一斉に農作物に群がり、さらに小屋や服までもを食い尽くしました。14日後、ようやくイナゴが去った畑に出ると農作物は芯だけになっており人々は茫然と立ち尽くすばかり。入植からわずか2ヶ月で3家族が静岡へ逃げ帰ってしまいました。そして9月には早くも初霜が降り唯一イナゴの被害から免れた小豆も全滅。

晩成社の入植1年目は惨憺たる結果に終わったのです。

晩成社移民団

「次の春まで食うものがない。どうする、依田さん」

勉三はそこらへんにいる鹿を食べて食いつなぐことを提案し、どうにか春まで生き長らえた入植者たち。しかし、イナゴの大群は2年目も3年目も同じようにやってきて、そのうえ夏の長雨によるおびただしい蚊やブヨの発生が、彼らを苦しめました。困りに困った銃太郎たちは沼に自生した水草の実を粉にし、団子にして食べました。飼っている豚も人間も同じ鍋で同じものを食べたのです。これが「豚と一つ鍋」の言葉で今に伝えられています。

「こんな暮らしは我慢の限度を超えている」。入植者の中から一人、また一人とオベリベリを去っていきました。

揺らぐ晩成社。一族から多額の出資金を預かっている勉三は何とかこの危機を救いたいと、現在の大樹町にあたるオイカマナイに牧場を開設します。

そのためオベリベリを離れることになるのですが、責任者が現地を離れたことで、勉三に付いてきた入植者たちは怒り、開墾への意欲を失い始めたのです。

銃太郎は頭を抱えました。この頃、銃太郎と勝は会社から満足に給料ももらえず、タダ働き同然で事務処理を黙々とこなしているに過ぎませんでした。

「これでは事業が失敗に終わってしまう。親友同士とはいえこのまま依田さんと同じ道を歩いていけない……」

晩成社に義を貫く覚悟で十勝の地まで来た銃太郎でしたが、袂を分かつ決断をしなければなりませんでした。

晩成社の十勝入植から4年後の明治20年、出資者である依田一族一行が初めてオベリベリを視察に訪れました。目標の1万ヘクタール開墾に向けて、どれ位仕事がはかどっているのか……その現状を見ようと訪れたわけですが、現地の状況は見るも無残なものでした。その時銃太郎は社長である勉三の兄に、意を決して晩成社の経営方針を変更するように申し出ます。

「去年から道庁が払い下げ規則を発布しました。その内容は、『与えられた土地を期限内に開墾できればその土地の所有者とする』、というものです。ですから晩成社の入植者たちはなにもここで小作農である必要はないと、続々と晩成社を離れています。ですから晩成社が貸し付ける農機具や生活費に年1割5分の利息をつけるのはやめた方がいいと思います。これでは入植者はいつまでたっても借金を返せませません」

この意見に対し社長は、出資金を増やすどころか、増える当ても無いこの投資に後悔の気持ちでいっぱいでした。当然銃太郎の言葉に耳を傾けるわけもありません。十勝の事業は失敗だったと肩を落としたのです。

銃太郎はついに晩成社に別れを告げ、妻子とともに芽室町シブサラに新たな農場を開くことを決断。勝もまたシブサラに入り、その後然別村へ移住、銃太郎の父は東京に戻っていきます。幹部たちが離散した晩成社は根本から揺らぎ、オベリベリに残ったのはわずか数家族。依田勉三の遠大なる計画はたった4年で挫折するのです。

農民が一番求めているものは土地である。それを痛感した銃太郎は、このシブサラでは新たに入植してくる農民たちが土地を持てるよう、手助けをしていこうと心に決めます。

渡辺勝

農作業の効率を上げるため、新しい耕作方法をいろいろ試した結果、土を起こす農機具のプラウを十勝でいち早く導入。東京から機械いじりの得意な弟を呼び寄せて修理にあたらせ、本州からの入植者たちを待ち受けました。

その後、シブサラに入って来た入植者たちは先住の銃太郎一家を頼るようになっていきます。彼らは銃太郎から馬とプラウを使った最新の農法を教わり、この土地に定着していきました。

どんどん増えていく入植者に銃太郎は食糧や種を確保したり、困っている人には金を貸してやるなどよく面倒を見ました。キリスト教伝道師としての役割ももちろん忘れず、日曜には人々を集めて講話をし、村づくりに必要不可欠な友愛の精神を強く説きました。それから9年後の明治29年、銃太郎の発案でシブサラ信用組合が結成されます。農民が互いに金を融資し合ったり、種や農機具を共同で購入するなどの画期的な取り組みにより、土地を離れる者を出さず、皆が苦労を分け合いながら現在の芽室町の礎となっていきました。

「依田さんには申し訳ないが、こうした方法がやはり村作りでは大切だったんだ。晩成社での失敗は、私にとって決して無駄ではなかった……」

シブサラ村は、銃太郎の統率と画期的な機械化農法により、徐々に発展していきます。オベリベリ、シブサラと開墾地を広げてきた銃太郎は、44歳のとき同じ芽室町下美生《しもびせい》に移住します。人生3度目の原野への挑戦でした。

この下美生では30ヘクタールの農場を開き、従来の畑作の他に、牛や馬も飼い始めます。とりわけ農家に不可欠な馬の生産には力を入れ、仔馬が産まれると近隣の農家に安値で売りました。また同時に、農家の安定作物を見つけようと新種の栽培をどんどん試し、大麻やクローバーが十勝に適するか、実験を繰り返しました。すると大麻の生産率が非常に良いことがわかり、銃太郎は大麻の栽培をシブサラや下美生の農民たちに斡旋しました。

「皆さん、文明開化で麻糸はこれからどんどん需要が伸びます。安定収入を得る絶好の機会です。私を信じて大麻を栽培してください」

銃太郎は東京の父に頼んで、都内の製麻会社との契約をし、この地方で採れた大麻の販売経路を確保。さらに地元に大麻の製糸工場を建て麻糸の生産を始めました。これが十勝で初めての製麻工場となり、銃太郎の努力で農民の暮らしは上昇していったのです。

7年余りで下美生の村作りが軌道にのると、明治40年、51歳の銃太郎はさらに奥の上伏古に新たな牧場を開きます。その面積、じつに270ヘクタール。人生最後の仕事としてこの牧場経営にかけたのです。

その開墾も順調に進んだ矢先、突如裁判問題が銃太郎の身に降りかかります。当初、銃太郎は牧場の共同経営者に上伏古の開墾が成功したら牧場の半分を与えるという約束をしましたが、相手は開墾には全く協力せず権利だけを主張。そんなことは聞き入れられないと、銃太郎は突っぱねたため、相手は裁判沙汰にしたのです。その相手は銃太郎が長年信頼してきた片腕のような存在で、実印まで任せたほどの仲。

裁判相手の父親は「恩義ある鈴木家を裏切ることはもってのほか」と裁判の取り下げを息子に強く迫りましたが、聞き入れられず、ついには父親が十勝川に身を投げて銃太郎に詫びるという事態にまで発展したのです。

3年越しの争いで銃太郎は勝訴したものの、裁判の費用と信頼する人物に裏切られた心の痛手は簡単に埋まるものではありませんでした。銃太郎はそれを振り払うかのように新たな農場を更別村で始めます。

大正4年、この時すでに59歳。これまで築いてきた土地や牧場全てを売り払い、振り出しに戻った銃太郎でしたが、執念をかけて希望の新天地を追い求める気持ちに変わりはありませんでした。

失意の中、血のにじむような努力で土地を切り拓く銃太郎に吉報が届きます。依田勉三の手掛けた水田経営が軌道に乗ったというのです。銃太郎と別離後、勉三は様々な事業を手掛けますが悉く失敗し、そんな中でこの水田事業だけが唯一成功と言えるものでした。

5年がかりの灌漑工事を成功させた勉三は大正9年、自宅でささやかな宴会を開き、銃太郎と勝を招きました。皆40年前のわだかまりを捨て、心から勉三の成功を祝いました。

その後、勝は脳梗塞で亡くなり、勉三もまた痛風で倒れ大正14年にこの世を去りました。

友が次々と旅立っていく中、銃太郎もまた自身の子供たちと更別農場に取り組む中、体調を崩し危篤に陥りました。その知らせを受けた妹の渡辺カネは、自分の住むオベリベリに

渡辺カネ

病気の銃太郎を移しました。

「お兄さん、気がつきましたか。私たちの最初の入植地、オベリベリですよ」

「オベリベリ……。私の農民人生の出発地か…。最期を迎えるに相応しい場所だ……」

そして鈴木銃太郎は70年の生涯を終えました。

今、十勝は先人たちの努力で日本一の農業大国となりました。その陰に、手付かずの十勝の大地で4度の開墾に挑んだ鈴木銃太郎の不屈の闘志があったことを忘れてはなりません。

北《きた》の湖《うみ》 敏《とし》満《みつ》

1953〜2015

平成27年の大相撲九州場所13日目。相撲協会理事長、北の湖敏満が病のために他界したニュースは、世間を大きく賑わせ、日本中から悲しみの声が寄せられました。

21歳2ヶ月で横綱に昇進するなど、数々の最年少記録を打ち立てた横綱・北の湖。横綱として、日本相撲協会の理事長として体現し続けた相撲道人生でした。

昭和50年代、土俵に君臨した第55代横綱、北の湖。全盛期、その強さは、大横綱の双葉山、大鵬を凌ぐとも言われました。13歳で三保ケ関《みほがせき》部屋に入門。そして21歳2ヶ月、史上最年少で横綱に昇進。あふれる若さはどこまで強くなるのか、計り知れないものを感じさせ、まさに、力士になるために生まれた、相撲の申し子でした。

北の湖敏満、本名、小畑《おばた》敏満は、昭和28年5月、洞爺湖のほとり、壮瞥町で生まれました。奇しくもこの日は、NHKによる初の相撲テレビ中継が行われた日でした。

当時は、福島町出身の第41代横綱・千代の山の全盛期。小さな頃から固太りだった敏満は、「千代の山のように大きくなってほしい」との願いを込められ、腹いっぱい食べさせられて育ちました。

恵まれた体格であってもただの巨漢ではなく、あらゆるスポーツに万能だった敏満。特に柔道はめっぽう強く、町の柔道大会で、体格が倍以上ある高校生を破って優勝したこともありました。

中学1年生にして、身長173㎝、体重100㎏。北海道の片田舎に怪童がいるとの噂を聞いた三保ケ関親方は、さっそく東京から飛んできました。

「お相撲さんにならないかい。もう少し大きくなったらうちの部屋においで」

「うん、じゃあそれまでに頑張って背を伸ばしておくよ」

本人も両親も、三保ケ関部屋への入門をあっけなく承諾。

類まれなる逸材を見つけた三保ケ関親方は、はやる気持ちを抑えきれず、中学1年の12月、敏満を入門させることにしました。

「どうだ、敏満、新しい生活は慣れたか。何か不満はないか」

「親方、ご飯をもっとおかわりしていいですか。夕べ、お腹が空いて眠れなかったんです」

「そうか、そうか。たらふく食え。新弟子検査までに体重を増やさないとな」

夕食にどんぶり10杯以上のご飯を食べても足りないほどの、並外れた大食漢。好きなだけ食べさせてもらった甲斐あって、3週間後の新弟子検査には体重を120kgまで増やすことに成功しました。

「お前の四股名は『北の湖』にする。北海道と、洞爺湖から取ったものだ」

「北の湖か。俺の地元を背負った名前なんですね」


稽古は想像以上に厳しいものでした。しかし北の湖は、関取になるまでは、故郷には帰らないと心に決めていました。

それでも入門から翌月の昭和42年1月に初土俵を踏み、1年後には、序二段で全勝優勝。早くも怪物の片鱗を見せつけたのです。

学業と相撲という二足のわらじから、他の力士よりも稽古の時間が圧倒的に少ない中で、中学卒業時には早くも幕下昇進。「北の怪童」の異名を取るなど、注目を集め始めました。

その後は、昭和46年5月、17歳11ヶ月の史上最年少で新十両を決め、翌年1月に18歳7ヶ月で新入幕を果たしましたが初場所5勝10敗で、十両に陥落。幕内の厳しさを思い知らされました。

「何も考えちゃダメだ。上を見ず、一戦一戦を大事に取っていくだけだ」

そう自分に言い聞かせながら、黙々と稽古を続けたのです。

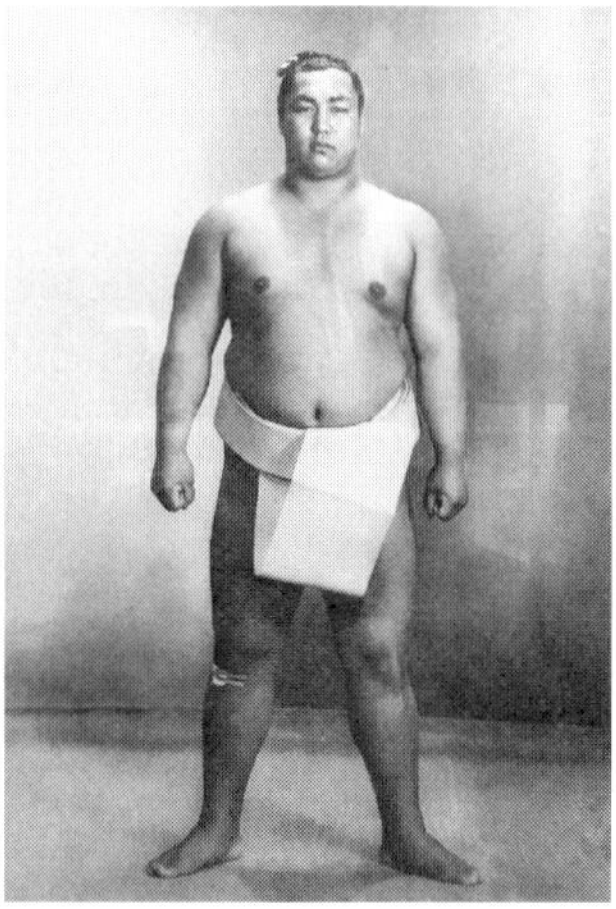
十両昇進

この頃から、抜群の身体能力を活かした左四つからの寄り、つり、上手投げの型が徐々に固まってきます。

「ようやく自分の型をつかめたようだな。お前はもともと精神力が強いし、体格だっていい。自分の技さえ見出せば、あとはこっちのもんだ」

「親方、やりますよ、俺。もう負けたくありません」

身長179cm、体重は驚異の170kg。得意技は先手必勝の攻撃相撲。圧倒的なパワーで相手力士を土俵外に叩き飛ばし、最年少記録を次々に塗り替えていきました。

そんな飛ぶ鳥を落とす勢いの北の湖に立ちはだかったのが、学生相撲出身の輪島です。二人の初対決は昭和47年の名古屋場所。輪島・関脇、北の湖・前頭7枚目。この時は輪島の下手投げにあっけなく敗れました。

2度目の対戦も、輪島の出し投げ。大関昇進がかかった輪島に、邪魔してやろうと思いましたが、相手が一枚上手でした。

3度目の対戦は輪島・大関、北の湖・小結。激しい突っ張りから左四つ。輪島の下手投げ。渾身の力を込めて、北の湖の上手投げ。際どい勝負は、北の湖に軍配が上がりました。念願の初白星。しかしその後は、輪島の「黄金の左」と呼ばれた独特の左四つからの攻めに苦しめられ、4連敗を喫します。

「くそっ、今度こそ絶対に勝ってやる」

北の湖より5歳年上の輪島は、北の湖が新入幕を果たした昭和45年に入門。入幕9場所目に初優勝を飾るなど驚異的な勝負強さを発揮。初土俵から3年5ヶ月で横綱にまで駆け上がったのです。人々は彼を「相撲の天才」と呼びました。

そんな輪島を追う北の湖。昭和48年初場所には新小結に昇進し、大関や横綱に一歩も引かない相撲を取ります。この時19歳7ヶ月。目標はあくまでライバル輪島を倒すこと。怖いもの知らずの快進撃でした。

しかし、昭和48年九州場所は正念場となりました。並み居る上位陣を倒し、11日目まで9勝2敗。そして12日目、思わぬアクシデントが起きたのです。富士桜戦で左足を亀裂骨折。二けた勝利が目前でした。

「弱ったな。腫れもひかないし、これじゃかかとしか使えない。明日から休場するしかないな」

「親方待ってください。今回はどうしても二桁行きたいし、あと一人、大麒麟関に勝てば、横綱と大関全員に白星を挙げられるんです。今休むわけにはいきません」

この日は偶然にも、輪島も貴ノ花戦で負傷。14日目、輪島は休場。北の湖は親方の反対を押し切って出場するも、痛さで体が後ろに下がってしまい、3連敗を喫します。

9勝5敗で迎えた千秋楽。相手は大関・大麒麟。痛々しい足を引きずって登場した北の湖の姿に、もはやこれまでと誰もが思いました。しかし、北の湖は不屈の闘志を燃やし、強烈な下手投げで悲願の白星を飾ったのです。

さらに、この場所では四大関一横綱全員に土をつけ、初の殊勲賞も贈られました。

「ケガをしても、いかなる時も、諦めてはいけないことを学びました。親方、俺の相撲人生に甘えはなくします。これからも死にもの狂いで頑張ります」

北の湖にとって、昭和48年九州場所は、生涯忘れられぬ教訓となりました。

2ヶ月後、大関昇進を賭けて取り組んだ昭和49年初場所。初日、ライバル輪島を破り、勢いに乗った北の湖は、14勝1敗で念願の初優勝を果たします。

この場所後、大関に昇進すると、勢いに乗って夏場所でも2度目の優勝。次の名古屋場所は綱取りを賭けて、輪島と北の湖の息詰まる優勝争いとなりました。

千秋楽、北の湖、13勝1敗、輪島12勝2敗。北の湖が勝てば優勝と横綱昇進が決まるのです。星ひとつの差で追う横綱輪島。

時間いっぱい。にらみ合う両力士。

緊張で硬くなった北の湖が敗れ、互いに13勝2敗。10分後、優勝決定戦が行われました。果たして輪島の逆転優勝なるか。それとも、北の湖が優勝して、横綱を手にすることができるか。

下手投げで輪島、逆転優勝。勝負師、輪島の真骨頂を見せた試合でした。

一方、北の湖は優勝こそ逃したものの、場所後、横綱に推挙されました。21歳2ヶ月、史上最年少横綱の誕生に国民はおおいに沸きました。

横綱北の湖と横綱輪島。いよいよ「輪湖時代」の幕が開け、北の湖は「憎らしいほど強い横綱」

大関昇進

として、角界に君臨することになるのです。

昭和49年9月。大関在位わずか3場所目で、異例の昇進を果たし、第55代横綱となった、北海道壮瞥町出身、北の湖敏満。

力士の頂点に立った北の湖が、最初に考えたのは、辞める時期でした。

「横綱になってからだいたい6～7年で辞める力士が多い。でも、その頃俺はまだ27～8歳。まだ続けられる年齢で辞めるのは、あまりにもみっともない。長く横綱であり続けるにはとにかく稽古しかない」

笑われる相撲はできません。常に引退と背中合わせなのが横綱の使命。特に昇進直後は注目が集まる時期でもありました。

相当なプレッシャーの中で挑んだ横綱昇進3場所目の初場所。優勝を果たしてどうにか横綱の責務を果たします。

この頃から輪島との白熱した取り組みは国民を熱狂させ、世は「輪湖時代」の全盛となりました。あんこ型で左四つの本格派北の湖も、いよいよその強さを増していきます。

そして昭和51年初場所、千秋楽、対戦相手は日本中が待ち望んだ輪島。横綱になってから、輪島との対戦成績は3勝3敗の5分。この時本領を発揮したのは北の湖。輪島に勝利し、5度目の優勝を果たしました。

夏場所、再び因縁の2人の優勝決定戦。輪島は逆転優勝を狙いましたが、横綱として充実著しい北の湖は、輪島の得意の左にもびくともしません。見事に寄り切って、堂々の優勝。満員の会場は座布団が乱れ飛び、興奮のるつぼとなりました。

昭和52年9月　9回目の優勝

昭和53年は、北の湖が圧倒的強さを発揮した年でした。初場所から5連覇、年間82勝という金字塔を打ち立てたのです。

その年の名古屋場所、14日目。輪島と北の湖、13戦全勝同士の対戦。どちらが全勝を守るか。緊張の大一番です。

左下手を取った北の湖。互いに慎重です。仕掛ける輪島。動かない北の湖。盛んに右から絞り上げようとする輪島。北の湖は仕掛けません。

長い相撲になりました。一瞬の静寂が流れました。互いの呼吸しか聞こえません。その刹那、一気に寄り切りました。勝ったのは北の湖です。

そして千秋楽。優勝をかける相手は、若乃花。ここでも慎重に攻めて、すくい投げで北の湖の勝ち。13回目の優勝を、4回目の全勝優勝で飾りました。

表情ひとつ変えず、憮然としたその姿はまさに「憎らしい」との形容がつくほどの強さ。また、倒した相手に手を貸さず、相手に背中を向けて勝ち名乗りを受ける態度が「傲慢、ふてぶてしい」と、国民に悪印象を与えました。

「北の湖関、なぜ負け力士に手を貸さないのですか」

「だって手を差し伸べるのは失礼でしょう。自分が負けた時に相手から手を貸されるのは、私なら屈辱に感じます。だから、自分も手を貸すことはしません」

「なるほど。でも、国民にはその真意が伝わらないようです。『負けろ』という声が飛び交っていることについてはどう思いますか」

「横綱は頑張れと言われたらおしまいですから。『負けろ』なんて言葉は、最高のエールです」

その受け答えは、まさに誇り高き横綱そのものでした。

彼の人柄をよく知る角界の関係者たちの間では、誠実な力士として高い評価を受けていたものの、一般の観衆からは悪役と見なされることが多かったのです。無口で一途な北の湖よりも、人気は、華やかな貴ノ花、輪島に集中しがちでしたが、本人はそんなことはお構いなし。ひたすらに勝ち星をあげていきました。

昭和55年も全勝優勝を含む3連覇を果たしますが、翌年、ライバル輪島が引退し、「輪湖時代」は終焉を迎えます。

一人横綱となり、さらなる重責を担うことになった北の湖の前に、新たな強敵が現れました。甘いマスクと鍛え上げられた肉体美で世の女性を虜にした千代の富士です。

昭和56年初場所。14日まで全勝を続ける関脇・千代の富士の快進撃に、「ウルフフィーバー」は日増しに高まりました。そして千秋楽。一敗の北の湖が本割で追いつき、優勝決定戦へ。国民の圧倒的な声援に後押しされるかのように、軍配は千代の富士に上がりました。視聴率は空前絶後の52%。新しいヒーローの誕生に、日本中が沸き返りました。だが、そんな時も北の湖は真摯に冷静に土俵を務めました。


さらにこの年の九州場所は、北の湖にとって痛恨の場所となりました。8日目、飛騨乃花との一戦で右膝を痛め、翌日から休場を余儀なくされたのでする。それまで横綱として43場所連続出場した力士は彼をおいていなかったのですが、ここで偉大な記録が止まります。二桁連続勝ち越し37場所、幕内連続勝ち越し50場所。負けず嫌いの北の湖にして、初めて成し得た大記録でありました。

「残念です、連続出場は俺の誇りだったのに」

「立てないものはしょうがない。膝は力士の要だ。大事にせんとな。それでも、横綱で7年間一度も休まず連続出場したのは、長い歴史の中でもお前だけなんだぞ。充分すごいことだ」

その翌年の初場所、23回目の優勝を飾ったものの、ケガとの闘いは続き、次第に全休の場所が多くなってしまいます。あらゆる膝の治療を試みるうち、勝ち星さえあげることができなくなり、当然、引退も囁かれました。

「もう一度優勝するまでやめるものか！　何が何でも優勝してやる！」

不屈の闘志がメラメラと沸きました。1日15キロの自転車トレーニングで、あえて膝に負荷をかけながら、再起を図ったのです。


昭和59年の夏場所。初日から絶好調のまま13日目、いよいよ千代の富士と横綱同士の対戦となりました。客席からは「北の湖、頑張れ」の声が飛びました。かつての悪役はもはやそこにはいませんでした。この一番で北の湖は千代の富士を寄り切り、13連勝。14場所ぶり24回目の優勝を全勝で果たしたのです。

見事な復活劇でした。体を酷使し、限界に達した中での優勝。北の湖自身の感激もひとしおでした。結果的に、こ

昭和59年　夏場所

れが最後の優勝となりました。

「俺も落ちぶれたものだ。頑張れの声が掛けられるなんて情けない」

翌昭和60年初場所、大相撲のふるさと両国に、新しい国技館が完成しました。横綱として晴れの舞台に上がりたい―その夢は果たしたものの、新国技館で1勝もあげることなく、3日目で引退を表明。土俵生活に別れを告げます。32歳でした。

「14年間、横綱の責務を果たしました。今はほっとしています。横綱時代はどんな困難があっても辛いと感じることはありませんでした。唯一の辛さは休場したことです」

引退後のインタビューでそう語った北の湖。21歳2ヶ月での横綱昇進は史上最年少、年間通算82勝は、朝青龍に越えられるまで27年間保持された最高記録。特に幕内連続勝ち越し50場所は、7年間休まずに土俵に上がり続けた集大成の結果でした。横綱が休まないということは、横綱らしい成績を残し続けることを意味します。まさに憎らしいほど強く、誠実で一直線。偉大な横綱でした。

日本相撲協会からは、北の湖に史上2人目となる一代年寄が贈られ、すぐに北の湖部屋を創設。しかしこの直後、三保ケ関親方と、故郷の父が一日違いで亡くなるという不幸な偶然に見舞われました。

「帰った方がいい。親方の葬儀は部屋の連中に手伝ってもらうから」
「確かに父親は一人しかいません。でも親方は、自分にとっては親以上の恩人です。最後の別れは親方とします」

北の湖はきっぱりそう言って、親戚一人ひとりに詫びの手紙を出して、父の葬儀を欠席。最期まで師匠への恩義を貫いたのです。

その後は、北の湖部屋の師匠として6人の関取を育てながら、日本相撲協会にも貢献。現役時代から彼の人柄と能力を高く評価していた関係者たちは、北の湖を協会要職に担ぎ出し、平成14年から20年まで理事長を務めましたが、相撲界で八百長や暴力事件、賭博問題などの不祥事が相次いだことから一度は理事長を辞任しました。

しかし、不祥事は収まらず、ついには本場所開催中止にまで追い込まれる事態になったのです。そんな時、親方衆が再び北の湖を理事長に担ぎ出しました。彼ならこのピンチを脱してくれるはず。相撲協会の命運は北の湖に託されました。

しかしこの頃、北の湖は直腸がんの手術を受けており、本来であれば、療養に専念すべきところだったのです。しかし、相撲の人気と信頼回復のために、体調不良に苦しみながらも職務に徹し、相撲協会の立て直しに奔走しました。

「大相撲の命は、土俵の充実。すなわち、力士が安心して相撲を取るためには、協会の運営基盤がしっかりしていなければならない」

理事長としてのその信念と責任感が、一度は崩れかけた大相撲の屋台骨を支え続けました。

しかし、平成27年11月20日、九州場所が白熱しているさなかに、病状が悪化し、息を引き取りました。北の湖敏満、享年62。

急逝から一夜明けた大相撲九州場所14日目。会場の福岡国際センターの前には半旗が掲げられ、亡くなった北の湖理事長を乗せた車が静かに立ち寄りました。大好きな相撲を最後にもう一度見てからの旅立ちとなったのです。

日本政府は北の湖に対し、即日、旭日重光章を贈り、相撲界への多大な貢献を労いました。

現在、北の湖の故郷・壮瞥町には、北の湖記念館が建てられており、郷土の偉人を讃え続けています。

理事長時代

吉《よし》田《だ》　貞《てい》次《じ》郎《ろう》

1885～1948

大雪山国立公園内に悠然とそびえる十勝岳。日本百名山にも選定され、四季折々の美しさは人々を魅了し続けていますが、その反面、度重なる噴火活動によって大きな災害をもたらしてきました。中でも大正15年の大噴火では、大規模な泥流が発生し、１４４人が犠牲になりました。この時、被災地上富良野村で陣頭指揮を執ったのが、村長の吉田貞次郎。泥流に埋まった村を捨てるべきという意見が多い中、彼が下した苦渋の決断は、土地改良をして村を再生させるというものでした。

大正15年5月24日。この日十勝地方は、どんよりと曇った空から時おり小雨がぱらつき、十勝岳は不気味な山鳴りが鳴り響いていました。

「ここ数日ずっと続いてるな……。嫌な音だ」

十勝岳のふもと、上富良野村に入植した三重県団体の人々は、田植えの作業に追われながらも、不安な気持ちを掻き立てられていました。

そして正午過ぎ。まるで大砲を撃ったような大音響とともに、突如、十勝岳噴火口から噴煙が立ちのぼったのです。

「爆発だ」

もうもうと空を覆い尽くす真っ黒い噴煙。山肌は崩れ、遠雷のような響きが轟きました。4時間後の午後4時過ぎには2度目の大爆発。最初のものとは比較にならないほどの大音量と地響きとともに、黒煙が噴き出した瞬間、どす黒い泥流が見る間にふもとに向かって流れ落ちてきたのです。

3メートルもの厚さとなった泥流は、山の斜面の岩石をのみ込み、原生林をなぎ倒し、凄まじい勢いで富良野川の谷筋に沿って下っていきました。5月の山にはまだ多くの雪が残っており、その雪の水分が泥流と混じって、さらに速度を加速させる「融雪型泥流」となったのです。火口からふもとまで24キロの距離を、わずか25分で到達すると、泥流はそのまま平野部に広がり、水田や畑を埋め尽くして、上富良野市街地まで達したのです。

住民たちは避難する余裕もなく、周辺の村466戸が被災、144人の命が一瞬で奪われました。我が国の火山噴火史上、稀に見る大惨事でした。

最も被害の多かった上富良野村は、全戸数の2割にあたる300戸が被災し、死者119人、行方不明者18人を数えました。

一鍬一鍬打ち込んで、やっとの思いでおこしてきた大地。何十年もの間営々と耕してきた、入植者たちの血と汗が染み込んだ田畑は、大自然の猛威に跡形もなく消されてしまったのです。

災害が発生した当時、役場で執務中だった上富良野村村長の吉田貞次郎は、泥流を免れた上富良野駅前に机を運び出し、役場の職員たちに指示を出しながら、遺体の収容、流木の除去、避難場所の確保、食料の手配など、一睡もせずに陣頭指揮を執り続けました。

村長宅も泥に埋まり、家族7人が濁流に呑まれたと聞きましたが、それでも貞次郎が様子を見に帰ることはありませんでした。妻と子どもたちは地域住民に助け出され、かろうじて難を逃れましたが、貞次郎の母は3日目、変わり果てた姿で発見されました。開拓の苦労を背負い、懸命に自分を育て上げてくれた、最愛の母。その母の葬儀の日も、貞次郎は母の亡骸と30分ほど対面しただけで、足早に対策本部に戻っていきました。

筆舌に尽くし難い断腸の思いの中で、貞次郎は命がけで災害と闘い、村人たちを守る使命を自分

被害の様子

に課していたのです。

吉田貞次郎は、上富良野村に入植した三重県移住団体の一人でした。明治18年、旧士族の家に生まれ、15歳の時に、北海道移住に加わり、両親とともに海を渡りました。江戸時代、吉田家は地元のお寺の警備にあたる武士の家柄で、明治維新後、父は米商人となりましたが、武士の商いが災いし、事業は失敗。そのために北海道移住を志願したのでした。

一家7人で入植した吉田家には、2世帯分10ヘクタールの土地を与えられましたが、父は地元にいた時から農作業には無縁で、そのため開墾作業は全て長男・貞次郎が担うことになりました。負けず嫌いの貞次郎は、朝早くから夜遅くまで畑仕事に没頭し、入植からわずか4年で全ての土地を耕したうえ、新しい農地の貸下げを受けるほど、見事に開墾を成し遂げました。

「俺は小学校しか出ていないけど、学歴のある奴らにだって絶対に負けてはいない。頭も体と同じくらい使えることを証明してやる！」

そう考えた貞次郎は、農作業に疲れた体にムチ打って、一人で勉学に励みました。

その甲斐あって、20歳になると、陸軍幹部候補生の試験に合格。開拓の苦労を通してたくましく育った心身を、さらに軍隊生活で鍛えあげ、軍人時代は中尉にまで昇進。除隊後も優れたリーダーシップが認められ、明治43年には26歳の若さで村会議員にまつりあげられ、上富良野農会長に抜擢されました。

彼が「軍人農会長」として上川地方に一躍名を挙げたきっかけは、毎年第七師団に軍馬の飼料として地元で獲れる燕麦を納める際、品質をよく吟味し、量も寸分たがわぬほど正確に測ったという、その真面目な態度を高く評価されたからでした。

こうして村民の信頼を一身に集めた若者は、大正8年、村が一級町村制となった年、初代公選村長として選ばれることになったのです。

若さゆえの大胆な行動力と決断力、寡黙で温厚な人柄は、村長としてまさに適任。就任後、村の行政はこれまで以上に順調に進み、続いて4年後の大正12年の選挙でも現職当選。2期目に突入します。

「みんながここに移住して良かったと思えるような村づくりを行っていきたい」。それが村長、吉田貞次郎の思いでした。

しかし、そんな願いも、3年後の大正15年に無残に打ち砕かれることになります。

大正15年5月24日。十勝岳ふもとに位置する吉田宅では、ちょうど新築の自宅が完成したばかりで、職人たちが壁の塗装に訪れていました。

「奥さん、素晴らしい家に仕上がりましたね。この合掌づくりはとても頑丈で、ちょっとやそっとじゃ崩れませんよ」

雨がひどくなったため、職人たちは吉田宅で休憩し、妻や母と世間話をしていました。家には運動会の練習が中止になり、帰宅した子どもたちもいて、貞次郎以外の家族が全員そろっていました。

その時でした。ドーンという大音響が外から聞こえたため、妻が窓からのぞいてみたところ、なんと、線路の向こう側で家2軒が泥流に浮かんで流されていたのです。

「大変だ！　逃げるよ！」

その声が合図となり、全員、一目散に外に飛び出しました。小さな娘たちは妻と職人が背負い、田おこしが終わったばかりの田んぼの中を裸足で走りました。

足場の悪い田んぼの中をうまく走れない貞次郎の母は、畦道を走って逃げましたが、その最中、山にぶつかって流れを変えた泥流が畦道に押し寄せ、みんなの目の前で流されていきました。

残された一家は、号泣しながらなんとか防風林までたどり着き、木にしがみついたと同時に泥流が到着。流木に周りを囲まれましたが、防風林の大木が命を守ってくれました。しばらくして流れが止まった後、流木をつたって周辺の住宅に入り込み、そこで一夜を過ごして、翌朝、高台に向かいました。

一方その頃、役場で被災した貞次郎は、対策に追われていました。

「村長、一度ご家族を探しに行かれては」

貞次郎の家は、被害の最もひどい場所にあり、家族の安否もわかりませんでした。

「たぶん駄目だろう……。あの泥流だ。多くの人が亡くなった。でも助かっていたならば、救助されているだろう。私が今やるべきことは自分の家族の捜索ではなく、助かった村人全員が、明日からどう生きていくべきか考えることだ」

貞次郎は心を鬼にして村長としての職務にあたりました。

そして、ようやく休憩する時間ができた瞬間、貞次郎は真っ先に避難所に走りました。

「覚悟はできている。けれど……、頼む、生きていてくれ！」

膝までぬかるむ泥に、何度も転びそうになりながら、ようやく自宅近くの避難所にたどり着いた時、そこにいたのは真っ黒の泥を頭からかぶり、寒さで寄り添っていた妻と子どもたちの姿でした。

この十勝岳噴火により、上富良野村をはじめ周辺の村では、死者行方不明者１４４人、倒壊建物３７２棟、家畜68頭が失われました。また泥流の通過した跡は29キロにも達し、上富良野と美瑛の

腰まである泥流に覆われた村

田畑850ヘクタールが壊滅的な被害を受けました。

「俺たちの村は死んでしまった。家族も土地も失って、俺たちは何を希望に生きていけばいいんだ……」

生き残った村人たちは苦しみをかみしめました。

上富良野村村長、吉田貞次郎の、美しい大地を再び取り戻すための闘いは、この瞬間から始まったのです。


十勝岳火山群は、およそ200万年前からの噴火活動によって、現在の形を形成しましたが、十勝岳は人類の歴史が始まって以降も噴火を繰り返し、大きな災害をもたらしてきました。中でも十勝岳山頂北西側は、明治20年の噴火を最後に、30年間静穏を守ってきましたが、大正12年頃から再び噴気活動が激しくなり、そして3年後の大正15年に再び大爆発を引き起こしました。

被災地域の復旧が可能かどうか。意見は真っ二つに割れました。ひとつは、復旧の見込みがない放棄説。その理由は、うず高く積もった泥土が2メートルから高い所では4メートルにも及び、しかも硫酸分が強いために、農地に戻せる見込みがないというのです。さらに、埋没した倒木を取り除くにも多額な金額がかかるため、「見込みのないところは諦めて他に農地を求める方が良い」と、道庁の技術者や学者たちは、おおむね放棄説を取っていました。

これに対し、復興論を唱えたのが上富良野村の人々でした。

「水田も畑も30年以上に渡ってつくりあげた血と汗の結晶である。我々はここを墳墓の地と決めて、遠く三重県からやって来た。土の酸性がどれほど強かろうと、人事を尽くして土地改良ができぬことはない」

貞次郎もまた同様の声をあげました。

「十勝岳は大昔から幾度もこのような被害を与えてきたと思われる地層がいくつもあり、その上に今日まで農業が成り立ってきました。この土地を簡単に捨てたのでは、亡くなった仲間たちにも申し訳が立ちません。やれば必ずできる。私は、私たち村民は、決して諦めません！」

彼は村の代表者として、復興へ踏み切る決意を固めたのです。

路上に卓を囲み緊急会議

噴火から2週間後の6月6日、道庁の土木部長が地元民の救済方針を立てるため、上川支庁長や道庁技師12人とともに十勝岳を調査しにやって来ました。貞次郎は一行を爆発火口付近まで案内。頂上に到着した人々は、泥流のあとをまざまざと眺め、暗褐色に汚れた上富良野平地を見下ろしました。

「ひどいもんだな……」

誰かがポツリとつぶやいたその時、貞次郎はすかさず言いました。

「あの泥にまみれ、光を失った土地こそ、私たち開拓移民の血と汗により成り立った美田でした。我々はここを見捨てる気持ちは毛頭ありません。英知と力の限りを尽くし、石にかじりついてでも復旧したいのです。どうか我々の気持ちを汲んで、救援対策を立ててください。どうか、お願いします！」

頭を下げる貞次郎の頬をとめどなく涙がつたいました。それは、泥流に呑まれ亡くなった母との別れの際にも見せなかった男の涙でした。

その場にいた全員が、村長の悲痛な叫びに心を動かされ、土木部長も貞次郎の手を固く握りしめ、復興を約束しました。こうしてついに放棄説を有力視していた道庁・政府が、一斉に復興案を打ち立て始めたのです。

災害から1年後の昭和2年、貞次郎は北海道で最初の「耕地整理組合」を設立。国とともに流木の除去、客土事業、酸性化した農地を中和させるための石灰の散布など、あらゆる角度からの土地改良がおこなわれました。

また、同時に貯水池も建設。それまでの主水源だった富良野川が災害で荒廃したうえ、水田に覆いかぶさった泥土は火山灰の土質のために保水力に乏しく、客土を行っても、水の量は災害前より格段に多く必要となったのです。

しかし、村人たちの中からは、この復興事業に対して反対意見が噴出しました。なにしろ入植当時の開拓をもう一度やり直すのと同じこと。開墾作業における借入金は自己負担となり、その返済に不安な村人たちは、反対運動を起こしたり、村長に面と向かってののしる者も多かったのです。しかし、貞次郎は終始一貫、初心を貫き、事業を進めました。

「どうか私を信じてください。国が力強い味方になってくれているのです。絶対に成功します。復興には30年はかかるでしょうけれど、必ず以前のような景色がまた戻るはずです」

とはいえ、貞次郎自身、不安に襲われることもありました。ただし、それは村長としての保身ではなく、周囲への心遣いでした。

「復興事業は失敗しないだろうか。もし失敗でもしたら、復興に立ち向かった村民の苦労が無に帰

俵会議

するばかりでなく、復興資金を貸し付けしてくれた国や道庁の人たちが、責任をとって退職に追い込まれるようなことにならないだろうか」

こうした不安の中、復興は一歩一歩行われていきました。何度土を改良しても作物は実らず、人々は副業や出稼ぎで飢えをしのぎました。悔し涙に暮れる日も、土地を捨てたくなる日もありました。しかし、村人たちは村長・吉田貞次郎の指揮のもと、互いを励まし合い、助け合い、未来に希望をつないだのです。

「今諦めては全てが水の泡になる。絶対に村は再生できる。頑張ろう、亡くなった人たちの分まで」

国の綿密な計画と、工事関係者の熱心な作業。そして地元住民たちの血のにじむような努力。まさに官民挙げての復興作業はやがて功を成し、当初、貞次郎が必要と見込んだ30年という歳月は、わずか10年で大幅な目途がついたのです。土質は完全に元通りではないものの、泥流にのまれた上富良野村に、緑の大地は再びよみがえってきたのです。

貞次郎は上富良野村長の職を4期16年勤め上げ、昭和10年に勇退しました。そして、十勝岳の噴火から10年の節目を迎えた翌年の昭和11年、ラジオ放送に出演した貞次郎は、当時をこのように振り返りました。

「村長であった私の決断で、復興に向けて取り組みが行われましたが、地元でも反対論は根強いものでした。何しろ復興の基盤ができたのは、多額の国費と地元農民の努力によるものでしたから、あの当時は、今日は腹を切るか、明日は腹を切るかと、そういった思いが何度もよぎりました。しかし、この吉田貞次郎個人の腹はいつでも切れる。今は頑張るしかない。そう思って、耐え忍んだのです。そして今、私たち村民の開拓精神はついに勝つことができました。私の人生に最大の悲しみを叩きつけたのは十勝岳です。しかしまた、最大の喜びを与えてくれたのも実にあの十勝岳です。これほど美しい山は他にありません。私はあの山に深い畏敬の念を抱きながら、人生の大半を過ごしてきたのです」

大正泥流の埋もれ木

貞次郎がこの世を去ったのは戦後の昭和23年。63歳で亡くなるまで、ひたすら地域に尽くした人生でした。貞次郎の死から1年後、村人たちは上富良野神社境内に「吉田貞次郎先生頌徳碑」を建立し、その労に報いました。

三浦綾子の小説「泥流地帯」にも、この十勝岳噴火の題材が取り上げられ、開拓を行った三重県団体の暮らしぶりと、しばしば登場する吉田村長の心優しい人柄や、災害復旧に全力を挙げる姿が描かれています。

また、泥流被害を受けながらも現存していた貞次郎の住宅は、平成9年に解体復元され、上富良野町開拓記念館として生まれ変わりました。現在も上富良野町では泥流と闘った村長として、吉田貞次郎の偉業が語り継がれています。

髙江《たかえ》 常男《つねお》

1927～2007

人口1万人の道央・赤平市。ここに、一代で北海道随一の百億円企業「社会福祉法人北海道光生舎」を築いた男がいました。事故により片目と両腕を失いながら、不屈の闘志で立ち上がり、同じ障害者のためにクリーニング業を興した、髙江常男。彼は自らのクリーニング店を「障害者の店」と謳わずに、真っ向から事業に取り組み、半世紀のうちに赤平を代表する一大企業に育て上げました。

それは体が突き上げられるような一瞬の衝撃でした。電柱の上で電線の張り替え工事をしていた髙江常男は、誤って両手で電線をつかんでしまい、３３００ボルトの高圧電気を体に受けたのです。

「髙江さん！ 髙江さん！ ……まずい、

感電だ！」

仲間が異変に気が付いた時、常男は電線の上でのけぞって意識を失っており、手のひらからは黄色い煙が上がっていました。大急ぎで釧路の病院へ運ばれた常男は、その後数日間、死の淵をさまよいました。

「寒い……、息が……できない……。苦しい……」

普通の人間なら即死するほどの大事故。にもかかわらず、仲間や医師の懸命の措置のおかげで、彼はどうにか一命を取り留めることができました。が、すでに両腕の神経は使いものにならず、肺も焼けただれていました。もはや常男に選択の余地はありませんでした。生きるためには腕を切断するしかなかったのです。

「高江君、普通の人間なら助かっておらん。君はよっぽど運が良かったんだろう。だが、これだけの大手術の後だ。残念ながら長生きはできまい。残された人生を大切に使いなさいよ」

「先生……、俺、あと何年ぐらい生きられますか」

「10年もてばいいだろう。だが君は体力もあるから一概には言えない。あまり悲観的になるんじゃないぞ」

昭和20年、高江常男は18歳にして、重度の身体障害者となりました。これからどうやって生きていくのか。死んだ方がマシだったのではないのか。絶望のどん底の中で、彼の第二の人生は幕を開けたのです。

世界恐慌の真っただ中の昭和2年、常男は芦別の三菱芦別炭坑社宅で、貧しい炭坑夫の六男に生まれました。髙江家は貧乏子沢山、11人の兄弟がひしめき合って狭い長屋で暮らしていましたが、常男は両親の大きな愛情を受けて元気に育っていきました。

しかし10歳の時、その幸せは一転します。遊んでいた竹とんぼを、右目に刺して片目を失ってしまったのです。病院のベッドで苦しみながらも、それ以上に悲壮な面持ちで泣き崩れている母を見て、常男はいたたまれない気持ちでいっぱいになりました。

退院後は、右目に義眼を入れて生活を送りましたが、当時の義眼は、白い球に黒く目を描いただけの粗末なものでした。片目ではもちろん様々な不自由が生まれるとともに、見た目も良くない義眼は、子供心にも屈辱でした。

退院した常男を待っていたのは、学校での心無いいじめでした。常男は、次第に家にこもるようになり、両親は新しい土地で元気に過ごしてもらいたいと、常男を奥尻島へ養子に出すことにしました。もちろんそれは息子の幸せを願っての決断でしたが、常男は、親に捨てられたという鬱屈した気持ちと、養母との折り合いの悪さで、悲しい少年時代を過ごしました。

実家に帰りたい。その思いがようやく叶ったのは、4年後の高等小学校を卒業する年。母が病で亡くなったことで、奥尻を脱出することができたのです。嬉しさと悲しさが入り混じる複雑な心境の中、常男は14歳で赤平の大谷沢炭坑に就職します。仕事は主に事務担当の小間使い。初めて社会に出た彼がそこで見たものは、昼間からいつも酒を飲んで酔っ払い、威張り散らして仕事もロクにしない男たちの姿でした。

「これが会社員というものだろうか……。いや違う。うちの父さんは、毎日真っ黒になって一生懸命働いていた。俺はこんな大人にはなりたくない！」

偉くなるためには勉強をして知識をつけなければ。そう考えるようになりますが、上級学校へ行くのは不可能でした。男兄弟7人のうち長男と次男は病気で相次いで死亡。三男、四男、五男は戦争に取られ、家には年老いた父と、病弱な弟しか残されていませんでした。常男の肩には、父と弟、兄嫁の生活が重くのしかかっていたのです。

進学の夢は儚く消え去り、かといって皆のように軍事教練を受けたところで、片目の自分が徴兵される可能性もない。悔しさを噛みしめながらも、常男は手に職を付けて、少しでも高い給料をもらえる職場に就職することにします。選んだのは電気工事の資格。独学で試験に臨んで合格し、住友赤平坑の電気課に再就職しました。

ところがこの会社で、常男は屈辱感を嫌というほど味わいます。中学を出ない者は社員にはなれず、社員と炭坑労働者では身分と給料に雲泥の差があるということ。さらに障害をもつ者は人間的に扱われず、使ってもらえるだけで幸せだと諭されること。これは当時の炭鉱企業に多く見られた風潮と差別的な意識でした。どうしようもない怒りと屈辱に打ちのめされた常男でしたが、ある時本社から職場を移ることに成功します。行き先は、道東・根釧原野。航空自衛隊が管理する計根別《けねべつ》飛行場に、本社で差別的な扱いを受けてきた若者が10人ほど派遣され、電線工事に従事することになったのでした。

気の合う仲間との仕事は楽しく、技術もどんどん上達しました。昭和17年から携わった電気工事もあっという間に2年が過ぎてゆき、そして迎えた昭和19年の年の瀬。青春の輝かしい日々は、両腕の消失とともに終わりを告げるのです。

この年最後の仕事は、2人一組で行う標津原野の送電線工事。常男は、足の不自由な仲間に代わって、電柱のぼりの役を引き受けました。

作業は、絶縁体の器具から電線を外すというものでした。電線を外すなら当然電気が流れているはずがない。常男はそう信じ込んでいました。ところが何かの手違いか電気は止められてはおらず、常男は3300ボルトの高圧電気を全身に浴びてしまったのです。

バリバリと大きな音を立て、電柱から落ちてきた常男を、仲間たちは急いで車に乗せ、地元の診療所に走りました。しかし、年老いた医師は首を横に振るだけで、効果的な治療は行われませんでした。そうするうちに意識を取り戻した常男は、口いっぱいに血を溜めながら、声を振り絞り、尋ねました。

「他の作業班は……」

「まだ仕事に取り掛かっていなかったからみんな無事だ。どうだ、気分は」

「腕が……しびれて動かない。でも痛みもない。大丈夫だよ……」

仲間たちはヒソヒソと相談し合い、ここにいたのでは常男の命が危ないと判断しました。しかし、釧路まで3時間の距離を持ちこたえられるかどうかなど、医師にもわかりません。それでも友人たちは、次の病院まで生きていたならどうにかなるかもしれないと、いちるの望みをかけて列車に乗り込みました。

ようやく釧路に到着したものの、どの病院でも常男を見るなり理由をつけて断りました。友人たちは死にもの狂いで病院を探し続け、夜空の星が天高くのぼった頃、ようやく最後の病院、桑野外科病院にたどり着きました。

「あちらではどんな処置をしていた？　え？　腕に注射を打ってた？　それじゃ駄目だ」

桑野医師は注射器を手にすると、常男の胸めがけて力いっぱい叩きつけました。それは息が止まるほどの衝撃でしたが、これが常男の命を救いました。腕の焼けてしまった血管では、もはやその役目を果たせなくなっていたのです。

その後赤平から駆けつけた父が、入院中の常男の看病にあたることになりました。この時両腕は、胴体にかろうじてくっついているだけで、2倍以上に腫れ上がり、紫色に変色していました。

「髙江君、やはり腕を切らなければならない。理解してくれるね」

「わかりました……」

麻酔も打たず、ハサミで肉を切り取られていく奇妙な感覚。多量の出血で何度も意識を失いましたが、腕が切られるごとに、鉄の棒をぶら下げたような重さは少しずつ減っていきました。

「……常男、大丈夫か、これからどうする？」

「そんなこと考えられないよ！　まだ生きてられるかもわからないのに！　なんで俺だけこんな目に遭うんだよ！」

常男は恨み言を父に吐き出しては、涙に暮れました。両腕を失ったためバランスが取れず、一歩歩くのも精一杯。食事もトイレも一人では何もできず、全て父が手伝いました。常男のストレスは頂点に達し、口に入れるおかずの順番が違うことにも腹を立て、父に当り散らしました。

「常男よ、俺には言ってもいいが、人にはそんなこと言うな」

「うるさい、うるさい！　俺の気持ちなんかわからないだろ！」

父もまた、心身ともに限界を感じながらも、黙々と常男の看病を続けました。そうして3ヶ月の入院の末、ようやく常男に退院の時が訪れました。

「髙江君、君は余命10年だ。自暴自棄になってはいけない。限られた命をいかに生きるか、それが大事だよ」

「わかりました……。桑野先生、どうもお世話になりました」

常男は足取り重く赤平へ帰っていきました。青春真っ盛りの18歳の春。これから泣き暮らして一生を終えるか、再起をかけて立ち上がるか。すべては彼の気力ひとつにかかっていたのです。

失意の中、赤平に戻った常男は、炭鉱病院へ通院し始めましたが、周囲の物珍しそうな視線や自分の将来を悲観し、時には吊り橋から川をのぞき込むこともありました。

「ここから落ちたら楽になれるだろうか」

父や兄弟たちは自分の生活を犠牲にしてまで常男の身の回りの世話をしてくれましたが、それを見兼ねた人の中には、こんな発言をする者も現れました。

昭和26年頃の赤平市街

「お前が生きていると、お前の面倒を見る者がかわいそうだ」

それは、死ぬより辛い仕打ちでした。そんななかで、屈辱に耐えることができたのは、ある看護師の存在があったからでした。その女性は常男に同情や好奇の目を見せることなく、受診後の常男に着物を着せ、背中のかゆい部分をかいてくれたのです。常男にとって、他人の、しかも若い女性の親切に直に触れたのは初めての経験。彼女への淡い恋心が、いつしか生きる希望を芽生えさせていたのです。


応援してくれる身内や友人を安心させたい。そう思い直した常男は、まず自力で食事を摂ることから練習を始めました。一番困ったのはトイレで、なるべく水分を摂らないようにする、家族が帰ってくるまで我慢するなど、涙ぐましい努力もしました。

「常男よ、そろそろ今後のことを考えないといかんな。俺もできる限り働くし、家族みんなでお前一人を食べさせていくことも……」

「それは俺のプライドが許さないよ。父さんにも姉さんたちにも、散々迷惑をかけているんだ。俺一人でやってきたい」

とは言ったものの、戦後の職不足の中、両腕のない人間が自活の道を開くのは容易ではありません。僧侶や浪花節語り、生命保険外交員など思いつく限りの仕事に挑戦してみましたが、皆失敗に終わりました。

「頭と口と足を使ってできる仕事か……。そうだ、俺には文章があった！」

以前から趣味で詩や小説を嗜んでいた常男は、それで生活していこうと考え、さっそく猛特訓を開始。まずは足で鉛筆を持って字を書こうと試みますが、全くうまくいきません。そこで次に口を使ってみたところ、意外にも判読できる程度の字を書くことができたのです。

「よし！　あとはきれいにかけるように練習するだけだ」

しかしそううまくはいきませんでした。数日もすると、肩こりと頭痛は頂点に達し、首は回らず、歯も顎もガタガタ。食べ物を噛むのさえも困難でした。それでも表現の手段が見つかったことは、わずかな自信につながりました。

次は文章の勉強。学歴の無い自分が知識を得るには読書しかなく、しかも30歳まで生きられないと烙印を押されているため、短い期間でプロにならなければならない。そんな焦りの気持ちから、常男は睡眠時間を削って特訓し、眠くなると冷水に顔をつけたり、足に針を刺したりして、がむしゃらに肉体の限界に挑戦していきました。

地元の炭鉱仲間と詩集を出しながら、文学で身を立てる機会を伺っていた昭和28年、思いもよらぬチャンスが訪れます。空知タイムスに就職が決まった同人誌の友人が、常男にも声をかけてくれたのです。

「髙江くん、一緒に新聞の仕事をしないか。もちろん専務の承諾も得た。作家じゃないけど、これも立派に文章を書く仕事だよ」

「願ってもない話だよ！　ありがとう、本当にありがとう」

新聞記者という仕事が自分にできるかなどわかりませんでしたが、友人の心遣いに深く感謝し、その申し出を快諾しました。

こうして、常男は事故以来8年ぶりに収入を得る道を見つけました。それは、絶望の日々からの脱出を意味するとともに、人間として仕事をすることの重要性を知った瞬間でもありました。これが後年、クリーニング業を興し、多くの障害者に就職の機会を設けるきっかけとなったのです。

記者としての仕事は、地元赤平のニュースを取材し、原稿に書くことでした。取材に行くために、少ない月給からアルバイト料を払って介添え人の青年を雇い、青年のこぐ自転車の荷台に乗せてもらいながら、常男はあちこち取材に回りました。そして夜は口にペンをくわえて時間に追われなが

昭和29年　地元新聞の記者時代

ら原稿書き。その苦労は並大抵のものではありませんでしたが、常男は生まれて初めてともいえる満足感に満たされました。

当時の赤平は、炭鉱ブームに沸く一方、炭鉱事故で怪我をして身体障害者となった男性たちが数多くいました。また、市役所の窓口や病院で障害をもった人を見かけるたび、ほとんどが貧しそうで不幸せな生活を送っているように見えました。

常男は取材のかたわら、いろいろな人を訪ねて、身障者の現実を聞いて回りました。この頃すでに国によって「身体障害者福祉法」が施行されていましたが、その法律は社会復帰できそうな者に対して、鉄道運賃を割引する程度のものだったのです。

「これじゃだめだ。この町に身障者の組織をつくろう。同じ境遇の人たちで団結して、豊かに生きていく道を探そう。俺にしかできないことをやるんだ!」

常男はこの時、自らの使命をはっきりと自覚したのです。


昭和29年、常男の働きかけで、「赤平市身体障害者福祉協会」が発足。27歳の常男は事務局長に就任しました。

発足後、事務局には毎日のように身障者が相談に訪れました。その中で最も多かったのは就職相談。当時は石炭事業が斜陽になり始めた頃で、不況の波が赤平にも押し寄せ、失業者が日ごと増えていく状況でした。

常男は取材がてら、求人の話が出ると顔の広いことを利用して、身障者を雇ってくれるよう頼みましたが、すべて不調に終わりました。

「いくら君の頼みでも、この不景気に身障者の就職はどだい無理だよ。健常者だって首を切られる世の中だよ。ましてや身障者なんか……、あ、失礼」

「もういいです、高江さん。わざわざ身障者を雇いたい奴なんていやしない。俺だって身障者になって初めてわかったんだから。頑張ってくれた気持ちだけありがたく受け取っておきますよ」

「何を言ってるんだ。あまりにも頼りにならない社会なら、自分たちのことは自分たちで解決するしかない。簡単に諦めるな！」

常男の言う解決の方法とは、自分たちで自分たちのための事業を興すということでした。

「そうだ、起業しよう。大勢の障害者を雇えるほどの規模の会社をつくるんだ。障害者でも立派に社会で自立できるということを世の中に示して、少しでも差別を減らしていきたい」

18歳の時に受けた余命宣告の10年は、目前に差し掛かっていました。それは常男の脳裏に四六時

記者時代

中焼き付いて離れない、大きな悩みでした。

「どうせ死ぬなら太く短く。生きているうちに人のためになる仕事を残したい。あと数年、悔いなく生きて、そして死んでいこう」

のちに道内屈指の百億円企業となる「社会福祉法人北海道光生舎」が誕生するまであと2年。髙江常男は、残りの人生全てを障害者の救済に投じようと決心したのです。

「両腕のない男と結婚？　駄目だ、考え直してくれ、美穂子。絶対に苦労する」

「苦労するのはわかっています。でも、私はあの人のお世話を一生していこうと決めたんです。ごめんなさい、お父さん」

昭和31年、髙江常男と鈴木美穂子は、周囲の猛反対を押し切り、赤平で結婚式を挙げました。

幼い頃に片目を失い、18歳で両腕を切除し、余命10年を宣告された常男でしたが、美穂子と出会うまで、結婚の話がなかったわけではありません。しかし、持ちこまれる見合い相手は全て身障者の女性でした。

「俺のような重度の身障者で生活能力のない男には、普通の女性は相応しくないというわけか。なんたる人間蔑視……！　相手の女性にも失礼極まりない。こういう風潮が消えるまで、結婚なんかするものか！」

そう息巻いたのも束の間、26歳の時、札幌から遊びに来ていた友人の姉に一目惚れします。それが生涯の伴侶となる美穂子でした。常男の片思いから始まった文通は3年も続きました。美穂子もまた、これまで知り合ったどの男性より明確な目標を持って懸命に生きている常男に好意を持ち、「本当にやる気のある人は目の輝きが違う。この人に一生ついていきたい」という気持ちになります。

しかし、結婚には家族や親族はもちろん、勤め先の上司や同僚も猛反対。常男自身も当初はこの結婚に乗り気ではありませんでした。

「わかっているのかい、俺の月給は1万2千円。その中から世話人の給料も出してるから、とても2人分の生活費は出ない。涙が出るほど嬉しい話だけど……」

「心配しないで。お金は私が稼ぎます。あなたに足りないのは肉体的なこと。それは私が持っているんだから。ねっ」

「美穂子……。ありがとう。俺、今まで以上に頑張るよ」

こうして2人は晴れて夫婦となりました。しかし結婚後、美穂子には厳しい差別の目がつきまといました。周囲の人々は身障者と結婚した美穂子にも身体的欠陥があるのではないかと勘繰ったり、それとも知能に問題があるのではないかと疑ったのです。

「耐えてくれよ、美穂子。今に身障者への差別なんかなくしてやる。そういう時代を俺がつくるんだ」

「あなたなら絶対にできる。その夢を叶えるために私も協力するわ」

常男の夢。それは身障者による身障者のための授産施設をつくることでした。昭和30年代、赤平は炭鉱が相次いで閉山して不況の波が押し寄せており、炭鉱事故で障害者になった人々やその他身障者の就職の道は皆無でした。結婚の2年前には自らの提唱で赤平市身体障害者福祉協会を立ち上げていましたが、そこに持ち込まれる問題も多くは就職のことでした。

「これじゃいつまでたっても身障者の自立が叶わない。身障者だって一人で難しいことも集団で能力を補えば人並みに、いやそれ以上の能力を発揮できる。誰も助けてくれないのなら、生活保護ではなく、絶対に成功する企業をつくらなければ」

両腕を失ってから仕事も得られず失意の日々の中で、ようやく舞い込んだ空知タイムスの記者の職。常男は、その時の感動と生きる活力を見出した自身の体験を、他の身障者にも味わってほしいと願っていたのです。

企業として成功するにはどんな職種が良いのか。それを見つけるために、常男は忙しい仕事の合間を縫って、中小企業相談所を訪ね歩き、また書店で経営や産業の難しい経済用語の本を買い求め、夢中になって読みました。

「そうか、不自由な身体の代わりに機械を使ったら効率も上がる。だが、肝心なのは職種だ……。それも腰かけではない、一生携われるプロの業務だ」

しかし、可能に思えるのは、リンゴの袋張りやぞうきん作りなど、どれも生産意欲の湧かない一時しのぎの内職のようなものしかありませんでした。

そんな時、力を貸してくれたのは札幌青年会議所の幹部たちでした。彼らは札幌の老舗店の2代目3代目の若者でした。特に中小企業相談所の本田所長は親身になって経営のノウハウからあらゆることを助言してくれました。何しろ様々な障害を持つ人たちが集まって企業を立ち上げるのは北海道で初めてのことなのです。

「髙江さん、まずは景気の良し悪しに関わらず将来性のある職種が大事だ。あとはベルトコンベアなどを取り入れて、近代的な大量生産の工程に乗せられること、知的障害者、身体障害者両方が同じ作業をこなせるように、あまり難しい技術を必要としない仕事であることが絶対条件だね」

彼らが選んでくれたのは、家具や建具などの木工業、ニット編み物業、既製服の下請け、印刷業、皮製品加工業、食品加工業、などなど。どの業種も常男には未知の分野で、常男は混乱する頭で何度も札幌と赤平を往復しながら必死に考え続けました。やがて煮詰められるように浮かび上がってきたのが、クリーニング業でした。

クリーニングを選んだ理由は、当時は機械を使わない家族経営の小さなクリーニング屋が多かったため、これを機械化すれば生産コストは非常に安くなり、障害者でも他に負けない生産性を上げることができると考えたこと。2つめは、クリーニングは、多くの工程に分けられるということ。店頭の受付係からネームつけ、洗濯品の選別、しみ抜き、乾燥の出し入れ、包装、台帳係などがあるため、片手のない人は片手を必要としない仕事、足の不自由な人はそれに見合う仕事、というように、作業の細分化ができると考えたのです。

「今、時代は高度成長期だ。これからの日本人は経済的に豊かになるから、当然身だしなみも良くなるし、オシャレも流行する。クリーニング業は絶対に伸びるし、廃れない仕事だ」

さっそく常男は赤平市身体障害者福祉協会の役員会で、熱っぽく語りました。

「ドライクリーニング工場を赤平に設置して、協会員たちの生活を確保しよう。我々が団結して事にあたれば道は必ず開かれる！」

「うん……、案は素晴らしいと思うんだ。高江さん。だが、資金のめどは立っているのかい？」

話が金のことになると、常男も沈黙せざるを得ませんでした。役員の中には、資金を借りる場合でも保証人にはなれないと言いだす者もおり、常男のあては完全に外れました。資産のある役員の中から何人かが出資してくれることを内心期待していたのです。常男自身、自分の生活もままならず、もはや外部から資金を得るしか方法はありませんでした。

道庁や銀行など資金調達に奔走したものの、どこにも相手にはされませんでした。いよいよ切迫した状況になり、市内の有力資産家の門をくぐりましたが、もちろん結果は惨敗。八方ふさがりの中、翌年の新年会の宴の席で、以前世話になったことのある労働金庫赤平支店長の佐藤と会いました。

「どうした、髙江さん。新年早々浮かない顔をして。どっか体の具合でも悪いのかい？」

「いいえ、もう切羽詰まっちゃって……。誰も僕の話に耳を貸してくれないんです」

常男は佐藤に空振り続きの事業計画を打ち明けました。すると、佐藤は「面白そうじゃないか」と身を乗り出し、さっそく札幌本店の審査部長を紹介してくれました。

「いいかい、この審査部長から色よい返事をもらったらもう融資は決まったも同然だ。俺からも話は通したからしっかり頑張って来てよ」

「すみません、佐藤さん。何から何まで……」

佐藤の助言は、最初から多額の融資を希望せずに、資金計画を半額の250万円にして、最小限の店舗から始める

労働金庫赤平支店

のが良いということでした。

常男は事業計画書を持って札幌行きの汽車に乗り込みました。その心中は期待と不安が入り混じった複雑なものでした。

「もし駄目だったら……。いや、俺はどうせ短い寿命だ。今だって命は惜しくはない。飛び降りて責任を取ろう」

悲痛な覚悟で臨んだ最後の挑戦。しかし、審査部長から出た言葉は意外なものでした。

「実に立派な計画書だ。こんな立派な計画書は初めて見た。よし、私が引き受けた！」

「ありがとうございます！　よろしくお願いします！」

頭を深々と下げる常男の頬を涙がとめどなく濡らしました。腕を失って以来、歯を食いしばって強固な姿勢で生きてきた常男の努力が報われた瞬間でした。

常男は融資が決まったその足で、喜び勇んで札幌の美穂子に会いに行き、結果を報告しました。美穂子が結婚を決めたのは、この時の常男の目の輝きに圧倒されたからでした。

こうして昭和31年3月、2人は結婚し、さらに半年後の9月15日、赤平ドライクリーニング工場は、難産の末に創業の時を迎えました。結婚と起業。それは、かつて残り10年の命と言われた常男が、その余命を超えて起こした新たな挑戦でした。

昭和31年、赤平に「光生舎」が誕生しました。それは、身障者同士が集い、自らの手で働く場を事業化して作り上げた、まさに身障者のための夢の城でした。

店の名づけにあたっては、夫婦で案を出し合い、「光が生まれるような夢のある名前にしよう」ということで、光の生まれる舎、光生舎となりました。

「いいか、普通の営業では他のクリーニング店には勝てない。店頭でお客さんを待っているのではなく、一軒一軒訪問して注文をもらうことにしよう」

常男は従業員たちに喚起を促し、美穂子も加わって、さっそく手分けして業務にあたりました。いざ営業が始まると、注文はどんどん入ってきたものの、すぐに運転資金不足に悩まされました。融資額とは別に必要な、電気料金や水道料金、給料、社会保険料などを支払うための現金がなかったのです。

常男は知人の伝手を頼って借金を頼みに回り、なんとか従業員の給料を確保しましたが、自分の分などもちろんありません。夫婦そろって光生舎ではタダ働きの日々が続きました。

昭和31年　創業当時のクリーニング工場

そんな苦しい経済状況の中から、従業員のために社員寮も完備し、仕事の内容から生活の相談まで、夫婦二人三脚での指導も行いました。

「寮の方は私に任せてください。私がみんなのお母さんになりますから」

美穂子は一人ひとりの性格をよく把握し、食事の管理も徹底的に行いました。それは常男の日頃の口癖によるものでした。

「借金は何とかなる。だけど、ここには食べられなくて困っていた人たちが集まっている。だから、彼らにはとにかく腹いっぱい食べさせてやりたいんだ」

10代から80代までの幅広い世代の寮生が、全員喜んで食べてくれるようなメニュー作りは、大変な苦労を伴いました。それ以上に美穂子を悩ませたのが、社会に出た身障者への厳しいしつけでした。それまでは、身障者だからと、周囲も何かと甘やかしがちになっていましたが、ここで集団生活し、そのうえ世の中に通用する人間になるためには、心を鬼にして叱らなければならなかったのです。

「体はどんなに不自由になっても生きていける。だけど、心の悪い人はあまされるよ！　人間やけっぱちになると、心がどんどん崩れていくものなんだから」

美穂子は次々と生まれる子供たちの子育てと夫の身の回りの世話に追われながら、これらを一手に引き受け、毎日喜びと充実の中で仕事をこなしたのです。

常男はそんな美穂子と子供たちとの生活を守るために、空知タイムス社から独立して「赤平新報社」を興し、こちらの方から収入を得る手段を取りました。新聞記者兼編集長としての仕事はこれまで以上に忙しく、「光生舎」の経営の合間を縫って昼は取材、夜は徹夜の原稿書きで、なんとか乗り切りました。常男が給料を貰ったのは創業から10年が経ち営業部門が株式会社光生舎として独立してからでした。

忙しさと貧しさで血反吐を吐くほどの苦しい状況。そんな中でも常男を突き動かしているのは、身障者を代表する者としての強い責任と使命感、そして美穂子をはじめ支えてくれる周囲の人々への感謝の思いでした。

やがて創業から2年ほど経った時、身障者の授産施設の認可をとると補助金が出る制度があるということが、常男の耳に入りました。

「経営を軌道に乗せるために、根本的な解決は、社会福祉法人にすることだ」

社会福祉法人の認可を受ける条件は、また容易なものではありませんでした。第一条件は100万円以上の基本財産があること、第二に30名を収容する寮と作業場があること、第三に事業の将来性に安定があること。しかし、「光生舎」は基本財産ゼロ、87坪の小さな作業場と10名ほどが泊まれる寮があるだけ。将来の見通しは1～2年の実績では信用されない。またしても困難な壁にぶち当たりました。
しかし、常男も熱意だけは人一倍の自負があります。何度も道庁に通い詰め、必死に法人取得の陳情をするうち、常男の熱意を買った強力な助っ人が現れたのです。そのおかげで昭和34年、光生舎は「社会福祉法人北海道光生舎」として認可され、新たな転機を迎えました。日々倒産寸前の危機的状況と闘いながら、起死回生のチャンスを獲得したのです。

社会福祉法人となり、補助金を受けることができた「光生舎」。ついに常男の快進撃が始まりました。常男は事業拡大を目指して熱心に仕事に取り組み、創業8年目の昭和39年には、なんと年商1億円を突破。当時、道内でひとつの企業がこれほどの急成長を遂げる例はあまりなく、通常の会社であっても、10年も経てば7割以上が倒産をするなかで、障害者だけが集まって会社の業績をここまで伸ばす

北海道光生舎

ということは、奇跡に等しいことでした。

その理由は、常男が一度たりとも障害者を売り物にして営業を行ったことがないということにありました。そのため、お客の中には障害者のクリーニング店だということを知らない人も大勢いました。

「店を創業した頃は、周囲から『障害者に何ができる』という偏見を持たれていた。だからこそ、私は障害をアピールせずに真っ向から勝負してきたんだ。品質の良いものをおさめている時は、『障害者でもこんな良い仕事ができるのか』と言われるが、一度でも悪いものをおさめたなら『やっぱり障害者だからこんな仕事しかできない』と言われる。だから、他のクリーニング会社と同様、価格と品質で正々堂々闘って勝たなければ、この業界では生き残ってこれなかった」

それだけに、仕事に対する思い入れは非常に強く、睡眠時間を削ってまで様々な知識を取り入れ、クリーニング全般はもちろん、水や電気、ボイラーなどの機械類のことも何でも知っており、周囲が驚くほどの勉強熱心さでした。

また、常男は必ず現場に足を運び、責任者にあれこれと質問をしました。社長が何でも勉強しているため、適当なごまかしは通用せず、勉強不足な社員は大声で怒鳴りつけられました。そんな厳しいムチを受けて、社員たちもまた懸命に努力し、一丸となって会社の業績を伸ばしていったのです。

社員たちからは恐れられた常男でしたが、人一倍愛情も深く、特に寮生を自分の子供のようにかわいがりました。着る服がない寮生を見ると、

「なんだ、お前、着るものがないのか？　いい背広があるぞ」

と言って、買ってきた自分の服をあげてしまう。

「あなた、あの人は遊びに行くための服がないだけよ。あなたのは仕事に行くために着る服だったのよ」

と、美穂子を呆れさせることもしばしばでした。

「人間、どんな困った時があっても、一度死んだと思えば頑張れる」

その思いを自らへの戒めと周囲への支えの言葉として、猪突猛進で事業にまい進した常男。その後も事業をさらに拡大させ、札幌へも進出して、50年あまりの間に一代で北海道随一の100億円企業に育て上げた彼を、人は「炎の経営者」と呼びました。この功績が国に認められ、平成11年には勲五等瑞宝章も受章。障害者のために戦った彼の人生はようやく報われたのです。

平成11年５月　春の叙勲で勲五等瑞宝章を受章

しかし、この叙勲から2年が経った平成13年、長年の無理がたたり、常男は突然、脳梗塞で倒れ、6年の闘病生活の末、平成19年にこの世を去ります。享年80。18歳で余命10年と宣告されてから、じつに60年もの長き人生を堂々と生き抜きました。

常男は生前、こんな遺書を残していました。

「死は怖いと思わない。十分生きてきたし、人にも恵まれてやりがいのある仕事をしてきた。己の人生に満足している。貧乏人に生まれたことも、右目の失明も、感電で両腕を切断し絶望の自分を意識したことも、そのおかげで勉強もし、第二の人生のきっかけをつかむことができた。多くの文学仲間と出会い、そのおかげで妻の美穂子とも出会うことができた」

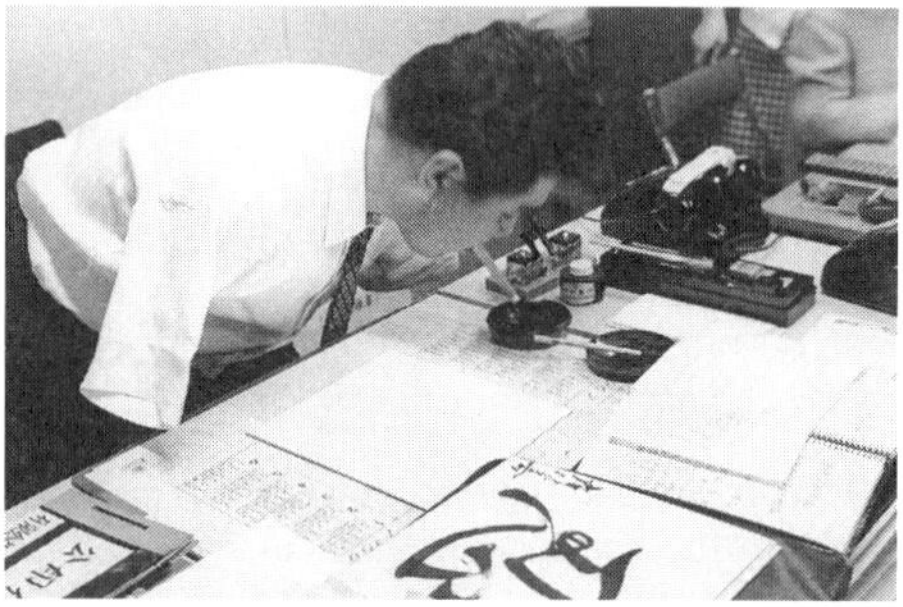
文字は口に筆をくわえて書く

一人の人間が、重度の障害を乗り越え、情熱とロマンで成し遂げた波乱万丈の人生。現在、「社会福祉法人北海道光生舎」は、常男の遺志を継いだ長男、高江智和理《ちおり》理事長のもと、さらなる発展を続けています。

遠軽・カボチャ陳情団物語

ＪＲ北海道の赤字ローカル線が次々と廃止に追い込まれている昨今、旭川から網走を結ぶ主要路線・石北本線もまた、大きな赤字を抱え、存続の危機に置かれています。

昭和7年に全面開通となった石北本線。その裏には、遠軽の地域住民が決死の思いで国と闘った、涙の歴史がありました。

政府の予算難のために止まってしまった鉄道工事。それを動かすために陳情団を組織し、カボチャ弁当をぶら下げ国会に直訴したのです。

北海道東部開発の生命線、石北本線。それは、地域住民の熱烈な陳情運動によって開通した鉄道路線でした。

「大臣殿、鉄道を通してくだされ。どうか

この通りじゃ」

「鉄道が来なければ、皆安い米が食べられません。交通が不便なために米の輸送費がかさんで、わしら貧しい農民はとても手に届かない金額になってしまうのです」

「だから毎日、畑で採れたカボチャばかり食べて凌いでいるんですわ」

「鉄道が開通すれば米が食べられます。どうか、どうか、わしらに米の飯を食べさせてください。お願いします！」

大正13年、東京にのぼり、国会で鉄道の設置工事を直訴した遠軽の陳情団体。彼らの涙の訴えは、連日新聞各紙を賑わせました。「カボチャ団体、鉄道速成の嘆願のためにカボチャを抱えて。一同、死ぬる覚悟で」。

「鉄道開通の約束を取り付けるまで故郷には帰らぬ」と、涙の陳情を繰り返した代表者たち。その強い熱意により、国会で一度中止と決まった石北線の鉄道工事事業は覆され、見事再開される運びとなったのです。


大正のはじめ、北海道の鉄道は、函館、小樽、札幌、旭川へとつながり、旭川から分岐して十勝、釧路方面、もう一方で名寄、網走方面へと延びていました。

しかし大正2年、滝川—富良野間が開通すると、利用客はその新路線に流れ、旭川の利用客は半分以下に激減。これに危機感を覚えた旭川では、起死回生の策として、旭川から北見をつなぐ鉄道路線、「石北線開発期成同盟」を立ち上げました。

ちょうどこの頃、オホーツク地方の紋別―遠軽間の鉄道が開通したこともあり、旭川は名寄経由でつながった遠軽村に、同盟への参加を強く呼びかけました。

「市原さん、あんたんとこも、今ようやく名寄まで軽便線《けいべん》が繋がったけど、その路線を使っても旭川まで8時間もかかるだろう。これを遠軽から旭川まで直接繋げたら、4時間近くも短縮されるんだ。みんなで石北線の建設を国に訴えようじゃないか」

「そうだな。もし石北線が開通できたら、物価も安くなるし、オホーツクの開発も軌道に乗る。国だって悪い話ではあるまい」

旭川の有力者にこの話を持ち掛けられた遠軽村の市原多賀吉は、地元住民たちとともに、「鉄道速成期成会」を結成。111名の署名を集めた請願書を国会に提出しました。旭川の期成同盟とともに行ったこの陳情運動は政府を動かし、大正9年、石北線・上川―遠軽間の鉄道工事が承認されました。

「やったぞ。鉄道が開通すれば、農産物は高く売れるし、中央から運ばれてくる生活物資も、今よりずっと安く買える」

「高すぎて手が届かなかった米も食べられるぞ。これでカボチャとはおさらばだ」

沿線の地元住民たちは、旭川までの開通を、一日千秋の思いで待ちわびました。

石北線陳情運動のリーダーとして活躍した市原多賀吉は、青年時代から地方振興に関心が強く、「人のため、社会のため」を座右の銘とし、率先して村づくりに取り組んでいました。

市原多賀吉

明治15年に岐阜県の養蚕農家に産まれた多賀吉は、地元では土地が狭く、身を立てるには将来性がないと憂い、新天地・北海道への入植を思い立ちます。

日本海沿いの道北・小平村に、農業に適した土地を見つけると、地元で農地を持てない農家の二男、三男たちに移住を呼びかけ、明治39年、24歳の時に47戸の農民を引き連れて入植を果たしました。

ニシン漁の盛んな小平村で、米作りや畑作農業を行い、苦難の末に開拓を成功に導いた多賀吉。村内200戸の総代を務めながら、村づくりも軌道に乗せた頃、同郷の知人からこんな話を持ち掛けられます。

「わしの知り合いで、オホーックの遠軽に農場を持っている人がいるんだが、そこの支配人が営農管理の能力不足で困っとるらしい。小平村の開拓を成功させたあんたのその指導力で、遠軽の農場を立て直してもらえないだろうか」

「遠軽……。ここよりさらに北の町か……。よし、小平はもう俺がいなくても大丈夫だろう。もう一度新しい土地で挑戦してみるか」


こうして大正3年、32歳の時、妻子を連れて遠軽に移住。農場管理人として手腕を振るい、農場の立て直しを成功させます。類まれなる統率力は、ここでも多くの人々の信頼を勝ち取り、翌大正4年には遠軽評議会の議員にも当選。この年、地域住民待望の遠軽駅が開業し、これにより北見駅から遠軽、そして紋別から名寄までの鉄道が延び、物資輸送や人の往来が一気に便利になりました。

「これからは鉄道の時代だ。多くの人が鉄道を利用しやすいようにしよう」

鉄道に着目した多賀吉は、農場管理人を兼務しながら、新たな事業として、遠軽駅の構内で売店の営業を開始。鉄道の利便性をさらに高めることに貢献します。

その一方で、旭川の関係者から持ち掛けられた、石北線開通に向けても懸命に陳情運動を展開しました。

「遠軽村は駅ができたからまだ良いが、丸瀬布や白滝村の人たちは、鉄道がなくてとても不便な思いをしている。これは地域全体の問題だ。オホーツクの開発は、ひいては国益にも通ずる。ぜひ国に鉄道を敷いてもらわねば」

上川より東に位置する白滝地域は、広大で肥沃な農耕地があり、多くの入植者が開墾していました。しかし、鉄道がないため農作物の運搬に膨大な運賃がかかり、農民のせっかくの努力も経済的に採算割れする状態だったのです。さらに、役場への出生届や生活物資の調達なども、遠軽まで40キロの道のりを全て徒歩や馬で往復しなければならなかったため、交通の便利な地方に転出する者が後を絶ちませんでした。

「このまま放置すれば、農民たちの不幸はもちろん、地方産業の衰退につながり、北海道開発にも支障をきたす。この地域にこそ是非とも鉄道が必要だ」

多賀吉をリーダーとする陳情運動は功を奏し、上川―遠軽間の着工も無事決定。あとは全線開通を待つだけでした。

ところが大正13年、遠軽地方の人々に、衝撃的な知らせが舞い込みます。

「おい、聞いたか！　石北線の工事が延期になったらしい！」

「まさか！　政府の決定事項がどうして覆されるんだ」

理由は、第一次世界大戦による深刻な不況に加え、この前年に発生した関東大震災にありました。壊滅的被害に陥った首都圏の災害復旧は国の最優先事項となり、そのため、あらゆる事業計画が繰り延べされ、莫大な国費が見込まれる石北線の鉄道建設も当然のごとく持ち越しとなったのです。

「冗談じゃない！　東京のお偉方にとったら、たかが田舎の一路線と思うかもしれんが、これは地方の発展を侵害する重大問題だ」

「いつまで俺たちに貧乏を強いれば気が済むんだ！」

工事の延期は、地元住民たちにとって、まさに死活問題だったのです。

「もはや国会に行って直訴するしか手立てはない！　陳情団を結成しよう」

「そうしよう」

「そうしよう！」


石北線工事の再開を取り付けるため、遠軽村では国会に直訴するための陳情団が組織されました。

「上京資金は残念ながら全額会費では賄いきれない。一人50円が自己負担になる。それでも良いという勇気ある有志は手を挙げてほしい」

「50円か……。こりゃ大金だ」

「俺は行くぞ！　村の一大事は家庭の一大事だ。もしこの直訴で工事が再開されれば、50円なんてすぐ元が取れる」

「そ、そうだな。俺も行く。母ちゃんも納得してくれるさ」

50円という金額は、当時の小学校教員の初任給にあたり、ひと家庭からの捻出は決して楽ではありませんでした。にもかかわらず、自発的参加を申し出た有志は、遠軽、丸瀬布、白滝の各村から52名も現れたのです。団長には42歳の市原多賀吉が就任。彼らの命がけの陳情運動が、今始まろうとしていたのです。

そんな時、意外なところから強力な後ろ盾が現れました。それは、「東洋のパン王」と呼ばれた、大阪の水谷政《みずたにまさ》次郎《じろう》。当時、国内で有名なパンのブランド「マルキパン」創業者の水谷は、石北線の開通を見込んで、沿線の小清水と丸瀬布の2ヵ所に農場を開設し、パンの原料である小麦を栽培していました。多賀吉が管理人を務めていたのは、このマルキパンの小麦農場だったのです。

「東京までの旅費を自腹で？　やめや、やめや、市原はん、あんたらは金の心配なんかせんでええ。わしが全部出してや

水谷政次郎

るさかい。そのかわり、その陳情運動に全力を出して、なんとか政府を動かしたらええ」

「こ、これ、い、1万円ではないですか！　こんな大金は受け取れません。半額でも全員分の旅費を払って十分なお釣りが出ます」

「ええって、ええって。この金があれば思う存分闘えるやろ。これは、うちの会社にとっても死活問題や。北海道に農場を開いた意味がなくなってしまうからな」

「ありがとうございます。このご恩は、必ず陳情の成功をもってお返しします！」


こうして大正13年11月10日、陳情団は地域住民たちの期待を背負って遠軽駅を出発しました。

「市原さん、頼んだぞー」

「東京に食料を送るからねー」

「まかせてくれ。絶対に成功させてくる！」

一行は名寄線経由で一日かけて札幌に出向き、鉄道局、北海道庁、政治家たちに石北線の早期開通を陳情した後、札幌駅から東京に向かい、3日後、到着。

一方その頃、遠軽の警察署に警視庁からこんな連絡が入ります。

「そちらから陳情団が上京してくると聞きましたが、思いとどまらせるよう説得してもらえませんかねえ」

「えっ、どうかなさったのですか」

「いえね、大震災からまだ日が浅くて、こちらでは家も仕事もない人があふれているもんですから。ただでさえ不穏な社会情勢の中で、こちらとしても、これ以上政府への不満要素を増やしたくないんでね」

「残念ながらすでに2日前に遠軽を発ってしまったんです。明日には東京に到着するかと思われるのですが」

「そうですか。先日、そちらから増上寺を宿舎として使わせてほしいという連絡があって、事情を話して断ったので、てっきり諦めてくれたと思ったんですがね」

「いいえ、たとえ宿泊費がかさんだとしても、彼らは諦めません。私ら遠軽警察も全面的に協力します」

「わかりました。とりあえず我々も仕事として穏便に事が運ぶよう、目を光らせます」


その頃、一行は新宿の安宿に陣取り、長旅の疲れを癒す間もなく

カボチャ陳情団遠軽駅出発記念

次の行動に移りました。

「カボチャは？」

「大量に届いてるぞ。ほら、あそこの俵に」

「よし、台所を貸してもらおう。煮カボチャを弁当箱に詰めて持久戦だ！」

地元では、貨物列車を貸し切りにし、カボチャを山ほど積んで彼らを応援。多賀吉たちはカボチャ弁当を腰にぶら下げ、陳情ののぼりを手に活動を開始しました。

鉄道省をはじめ、国会や政治家の政党本部、その他関係機関を連日訪れ、その間も絶えず警官の監視を受けながら嘆願戦術を展開しました。

「これが国会かあ。すげえなあ」

「待たせてもらう間に飯にしようぜ。しかしなあ、毎日毎日こんなカボチャばかり食べてたんじゃ腹に力が入らねえよな、市原さん」

「この現状を政治家や新聞記者に見せてやろう。これが、米すら食えない貧しい現地の農民の姿だってことをな」

東京のど真ん中、国会の控室で、カボチャ弁当を広げて食べる52名の異様な集団は、たちまちマスコミの注目を集め、「カボチャ団体の陳情」と大見出しで報道されました。

「あの……、あなた方が例のカボチャ団体ですか？」

「カボチャ団体？　ああ、そんな名前で呼ばれているんですな。北海道の鉄道建設陳情団です」

「新聞を見て見学……、いいえ、応援に来ました。頑張ってください！」

「それは心強い限りです」

「団長、すっかり俺たち有名人だな」

「そりゃ江戸っ子の町でカボチャを頬張りながら大手を振って歩いているんだ。話題にならん方がおかしいだろう」

「まあ、もっともこれが決まらなければ、腹を切るくらいの決意なんだからな。もし失敗したら帰っても皆に合わせる顔がない」

「絶対に成功させよう。もっともっと有名になって、世論を味方につければ、国も俺たちを無下にはできんはずだ」

日を追うごとに人々の話題にのぼり始めた「カボチャ陳情団」。やがて全国各地からも新聞社や交通専門誌に激励の声が寄せられるようになり、彼らの様子を見に来る者、励ましに来る者が後を絶ちませんでした。

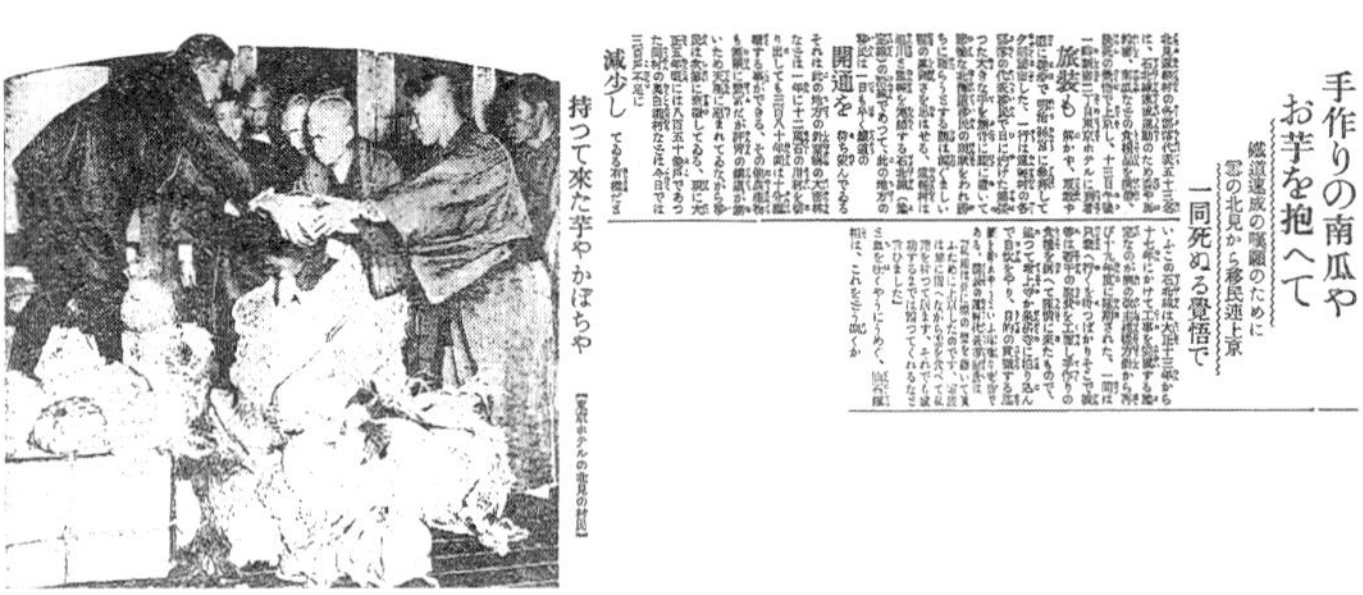
手作りの南瓜や
お芋を抱へて
鐵道速成の嘆願のために
雪の北見から移民連上京
一同死ぬる覺悟で

持つて來た芋やかぼちや

東京朝日新聞　大正13年11月14日

そしていよいよ正念場がやってきました。この日は鉄道省の仙石貢鉄道大臣との面会日。ズラリと居並ぶ陳情団に対し、多数の警察官が物々しい警備にあたる中、新聞記者も大勢詰めかけ、現場は大混乱の異常事態となりました。そんな中、団長の多賀吉は、大臣の前に一歩歩み出ました。

「石北線が建設されなければ、貧しい農民は、遠回りして運賃が加算された高い米など、いつまで経っても食べることはできません。交通が不便なために全ての物資の輸送費がかさみ、農家の経済は年々圧迫されています。我々はもはや飢え死に寸前です。鉄道が開通さえすれば、毎日カボチャばかり食べずに済むのです」

多賀吉は、地元の悲惨な現状を切々と大臣に訴えました。その時でした。石北線開通を最も願っている白滝村の代表者、新保国平が、多賀吉の背後から突然進み出てきたのです。

「団長が言われた通りじゃけん。この通り、頼んます！」

後は言葉になりませんでした。団員たちも皆、声を殺して男泣きし、会議室の中は異様な静けさに包まれました。素朴で悲痛なまでの鉄道建設にかける彼らの熱意には、警備の警官までもがもらい泣きし、まさに感極まる請願活動となったのです。

「団長、皆さん、頭を上げてください。村の現状とあなた方の思いは痛いほど伝わりました。今ここで即答はできませんが、工事計画を前向きに再検討させていただきます」

「ほ、本当ですか！　是非ともよろしくお願いします」

11日間に及ぶ陳情運動は、鉄道大臣の希望を持った言葉を取り付けることに成功。陳情団は大きな使命を果たして、11月22日、東京で解団式を行い、晴れ晴れとした表情で互いの健闘を讃え合いました。

「皆、お疲れさん」

「団長、お疲れ様でした」

「頑張った甲斐があったってもんだ。これほど嬉しいことはない」

「よし、みんなで万歳三唱だ。カボチャ団体、バンザーイ」

「バンザーイ」

こうして52名の代表者たちはそれぞれの村へと凱旋を果たしたのです。

カボチャ団体の陳情と世論の高まりによって、翌年の大正14年9月、石北線工事の延期問題は撤回されて再び採択となりました。一地方の農民たちの真実の叫びが、大きなうねりとなって国を動かしたのです。

2ヵ月後の11月から工事が開始され、2年後の昭和2年、遠軽―丸瀬布間の鉄道が開通。昭和4

年には丸瀬布—下白滝間、下白滝—白滝、上川—中越間が次々と開通。工事が着々と進められていく間にも、多賀吉は毎年、恩人の仙石鉄道大臣をはじめ、関係者たちにカボチャを一俵ずつ送り、カボチャ団体の鉄道建設に対する信念を忘れさせないよう、努力を続けました。

そして、石北線最大の難所である石北トンネル4329メートルの掘削と、路盤工事が完成したのは昭和7年のこと。鉄道工事の再開から8年の歳月をかけて、ついに石北線全線が開通しました。

カボチャ団体の涙ながらの凄まじい陳情運動はここに実を結び、オホーツク発展の歴史を大きく変えたのです。

遠輕驛列車時刻表

到着

旭川方面ヨリ	發驛	野付牛方面ヨリ	發驛	名寄方面ヨリ	發驛
〒午前六時二十八分	函館	午前九時十八分	野付牛	午前八時三十二分	渚滑
午前八時〇六分	上川	〒午後一時二十分	網走	〒午前十一時四十二分	名寄
午前十一時五十六分	旭川	午後五時十二分	野付牛	午後三時四十二分	名寄
〒午後三時五十五分	旭川	午後八時二十一分	野付牛	午後四時五十五分	渚滑
午後七時五十七分	旭川	〒午後十時四十一分	網走	〒午後八時〇四分	名寄

發車

旭川方面行キ	接續先	野付牛方面行キ	接續地	名寄方面行キ	接續先
午前六時四十六分	小樽 室蘭 本州	〒午前六時三十九分	根室	〒午前六時三十七分	音威子府
午前九時二十六分	同	午前八時五十分	厚岸 池田	午前九時三十二分	樺太
〒午後一時三十二分	小樽 追分	午後〇時十分	弟子屈 池田	午後一時二十七分	幌延
午後五時二十九分	旭川	〒午後四時五分	斜里 池田	〒午後五時二十七分	名寄
〒午後十時四十八分	札幌 室蘭 本州	午後八時二十三分	野付牛	午後八時三十五分	渚滑

石北線開通当時の時刻表

中《なか》川《がわ》　あき

1880〜1960

十勝・浦幌町の駅逓所の女あるじ、中川あきは、明治・大正期の厳しい開拓時代を明るく生き抜き、地域の人情おかみとして多くの人々に慕われました。彼女は女性やアイヌの人々などを助け、夫を陰で支えながら地域の発展に貢献しました。

交通手段が馬か徒歩しかなかった明治時代、広大な北海道を渡るためには、「駅逓所」の存在は欠かせませんでした。駅逓とは、開拓のために入植する人々や旅人のための宿泊所として、また、荷物の運搬のために人や馬を貸し出したり、郵便局の役割も果たす、北海道独特の制度のことです。

開拓使や道庁は、道内の重要な道路にこの駅逓所を設置し、運営にはその地域で最も信頼される人物を指名しました。十勝・浦幌村中浦幌、現在の浦幌町で、駅逓所取扱人に選ばれたのが、農家の中川北松、あき夫妻でした。

中川北松が十勝支庁からの依頼により、浦幌村で駅逓所を開設したのは、明治41年。しかし北松は村議会議員として忙しく、代わりに駅逓所を運営したのが、妻のあきでした。

駅逓所の管理人には、土地、建物、馬などが与えられる特典があるため、希望者も少なくはありませんでしたが、その実情は常に貧しさと忙しさに追われ、他人が羨むような生活とは言えませんでした。しかし、あきは11人の子供を育てながら、宿のこと、畑のこと、馬のことなどを女手ひとつで切り盛りし、自分を必要とする多くの人々のために働き続けたのです。

あきの夫、中川北松は、明治28年、26歳で北海道開拓を志し、はじめ福井県から道南の知内村に入植しました。

この年はちょうど日清戦争が終結した年で、当時の北海道は開拓がなかなか進まず、札幌地方と道南、太平洋沿岸の要所の開発に限られていました。旭川地方もようやく開拓が始まったばかりで、道東はほとんど手付かずの状態でした。

そんな時、北松は、十勝地方に肥沃で未開の土地があることを聞きつけ、調査のために浦幌周辺を訪れます。

「この辺りだろうか。どこを見ても全く手が付けられていない。どこが人の土地なんだろうか」

周辺をうろうろと探索するうち、最初に出会ったのが、熊谷泰造という人物でした。

「お前さん、もしここに入植したいと考えているなら、わしの農場を手伝ってくれないか？　ちょうど払い下げを受けたばかりで、土地はたくさんある。仲間たちを連れてきてくれたら全部まとめて面倒を見るよ」

「よし、わかった。任せてくれ」

願ってもない話に、北松は喜び勇んで故郷の福井県に帰郷。入植希望者たちを募って、再び十勝を目指して船に乗り込みました。この道中、北松は同郷の朝日又兵衛門一家と出会います。

「ほう、おたくらは皆で浦幌に行くのかね。わしらは晩成社に雇ってもらおうと思ってな、帯広に向かっているんじゃ」

「それなら俺たちと一緒に行かないか。こっちはまだ手付かずの土地だ。帯広よりも新しい土地だし、農業で成功する可能性もある」

又兵衛門は、自分より半分も年端のいかない北松の、毅然としたリーダー的資質を一目で気に入り、こんな話を持ち出しました。

中川北松

「どうじゃ、あんたもこれから腰を据えて働くなら、嫁さんがいないと不便じゃろ。ほれ、この子をもらってくれんかの。わしの自慢の娘じゃ」

そう言って引き合わされたのが、17歳のあきでした。

「あきと申します。よろしゅうお願いします」

「随分と若いな。あんたみたいなべっぴんさんに厳しい北海道の生活が耐えられるのかい。ましてや結婚となると……」

「いえ、私も農家の娘です。貧しさの中で苦労は散々味わってきました。働きながら子供を産み育てる覚悟もできています」

「そうか、ではこちらこそ末長く頼む」

北松をリーダーとする20世帯の開拓団は、浦幌の熊谷農場に落ち着き、北松とあきも約束通り結ばれて、荒地に新居を構えます。そして翌日からさっそく開墾を開始しました。

しかし、それは壮絶な日々の始まりでした。日がのぼると同時に男たちは密林の中で大木を切り倒し、女たちは根を掘り返す。日が沈めば小屋に帰って死んだように眠る。時には熊も現れ、小作人た

生剛村外二村戸長役場

ち総出で鍬や斧を振るって闘うという緊張の連続。着物1枚つくる余裕もなく、いつしか女性たちの衣服はボロボロの雑巾のようになっていきました。買い物は代表者2人が月に1度町まで出向くのみ。巡査さえもまわって来ないという、外部から閉ざされた、まさに陸の孤島。精神的に参って、夫を捨てて故郷へ逃げ帰る妻も少なくありませんでした。

北松もあきも、新婚とは思えぬほどの過酷な日々を過ごしましたが、それでも互いを思いやる気持ちは忘れませんでした。

「あき、辛抱してくれ。農場からは米と味噌と塩が与えられている。飢えて死ぬことはないんだ。畑を耕して農作物をつくればつくるだけ、生活も豊かになっていくからな」

「ええ、一緒に頑張りましょう」

やがて入植から1年が経った頃、北松は農場長の熊谷に推されて農場監督に就任します。入植3年目には初の大豊作。生活が少しずつ安定し始め、小作人たちを喜ばせました。

「この村でも何とかやっていけそうだな」

「商店もできたし、住んでみたらいいとこじゃないか」

ようやく人々の中に土着心が芽生え始め、村の形態も年ごとに整うようになりました。これが浦幌村開拓の第一期となったのです。

その後も10年間、北松は農場監督として農場長の要望に応えながら、小作人たちにも親身になって相談に乗り、地域住民の信頼を集めていきました。その間も、あきは子供たちを産み育て、忙しい夫に代わって畑仕事に精を出しました。

そんな頃、中川家の生活が大きく変わる出来事が訪れます。十勝支庁からの委嘱で、駅逓所の開設を命じられたのです。

明治末期のこの頃になると、北海道には238もの駅逓所が設置され、駅逓所から次の駅逓所まで、人や物を運ぶ役割の馬は3千頭にも達しており、駅逓所は人々の生活に欠かせない存在でした。

「どうします？　せっかく耕したこの広い畑を手放すのはもったいないと思いますけど」

「うん、だがな、この辺りは交通も不便だし、宿もない。郵便だって遠くから2週間に一度やってくるだけだ。俺たちが駅逓所を始めれば、もっと便利になるはずだ」

こうして明治41年、夫婦は中浦幌駅逓所を開設。北松39歳、あき28歳の時のことでした。場所は、内陸部の留真《るしん》という場所でした。

昭和50年頃の中浦幌駅逓所の建物

役所からは、宿舎と畑にするための原野80ヘクタールと馬5頭のほか、月6円の手当が支給されることになりました。地元の大工が大きな駅逓所を建ててくれたものの、天も見えないほど茂ったヤブの中に、宿舎がポツンとあるだけの状態でした。

「私たちの仕事は、ここを通る人や馬の宿と食事、それと道案内ですね」

「それともうひとつ。駅逓所は人の集まる場所だ。これからは村の人たちのたまり場にもなるだろうから、あきは皆の相談によく乗って、できることは助けてやってくれ」

北松はこの頃すでに村議会議員などの公職を務めていたため家を空けることが多く、駅逓所の仕事はあきと11歳の長女を筆頭にした子供たちが担当しました。

この時から20年間、あきは駅逓所のおかみとして地域に奉仕していくことになるのです。

駅逓所の宿泊客は、薬売り、呉服の行商、木材業者、役人たちなど、様々でした。皆一様に長旅で疲れた顔色をしており、あきは毎日泊まりに来る何人もの旅人の食事と寝泊まりの世話に明け暮れました。翌朝には、次の駅逓所まで旅人を馬に乗せてやったり、荷物を運んだり、さらに、その仕事の合間をぬって畑仕事と馬の世話をするのです。駅逓所に休日などはなく、365日朝から晩まで、あきは必死で働き続けました。

「母ちゃん、またジャガイモご飯か」

「米は宿泊のお客さん用なんだよ。長旅で疲れているんだから、しっかり食べなきゃ倒れちまう。悪いけど我慢しておくれよ」

子供たちの食事や弁当はジャガイモやトウモロコシが主食。あき自身も腹いっぱい食べることは叶いませんでしたが、客からの感謝の言葉や喜ぶ姿が、一番の褒美でした。

間もなく、駅逓所は人が行き交う中心地となり、地域の人たちが夜な夜な集まるようになりました。

「知ってるか？　あそこの家は食うや食わずで、子供が腹を空かせて毎日泣いているんだとよ」

そんな話を耳にすると、あきは空の米俵を持ってその家まで出かけました。

「ほら、藁をたくさん持ってきたよ。冬にはつまごを編むだろう。この藁を使いなさい」

あきが帰った後、農民がその俵を持ち上げると、中からたくさんの米粒が落ちてきました。農民が遠慮しないよう、知らないふりをしながら米を俵に沢山残してきた、あきの思いやりに、一家は涙を流し、頭を下げるばかりでした。

下浦幌原野開拓の様子

また、本別と浦幌を通る道路の開削工事が始まると、タコ部屋と呼ばれる強制労働の飯場が各所に建ち、借金のカタに連れて来られた土木人夫が大勢働いていました。

「この近くにもタコ部屋ができたんだってよ。たいした食事も与えられずに死ぬまで働かされるんだろう。なんてひどい扱いをするんだろうね」

ある日の夜更け、突然裏戸を叩く物音がしました。

「あの、すまねんけど……」

あきはハッとしました。そこには泥まみれで痩せこけた男が立っていたのです。

「あんた、逃げてきたんだろう。どんな事情か知らないけど早く入んなさい。そんなとこに突っ立ってちゃ見つかるよ」

あきはその男を家に上げ、押し入れの中に隠すと、かまどに火を入れて旅人にしか出さない貴重な白米を焚き始めました。

「さあ、できたよ。この握り飯を持って、夜のうちに逃げるんだ。裏の山を越えたら大丈夫。捕まるんじゃないよ」

「おかみさん、恩に着ます。この親切は一生忘れねえ！」

こうしてあきは、何十人ものタコ部屋労働者の命を救ったのです。

駅逓所には旅人の他に、アイヌの人々も一夜の宿を頼みにやってきました。あきは快く泊めてやりましたが、宿銭は一銭も取りませんでした。

「さあ、遠慮しないで。火の前に来て温まりなさい」

アイヌの人々はあきの厚意に感謝し、冬になると立派な鮭を駅逓所に運んできました。

また、駅逓所の仕事の合間に、あきは農家の主婦や若い娘たちを集めて、作業着の縫い方やももひきをつくる指導をしました。冬の北海道の暮らしには欠かせない「手返し」という、綿の入った手袋の作り方なども教えました。

「あきさんはホントになんでも知ってるねえ」

「だって知らなきゃ北国では生きていけないもの。17で中川の嫁に来てから、死にもの狂いでいろいろ勉強してきたんだよ。今はもう子供たちもだいぶ大きいから助けてもらっているけどね」

農業にも人一倍熱心だったあきは、常日頃から気候に左右されない安定作物を模索していました。

大正2年に全道を襲った大凶作の時、十勝全域の畑は馬鈴薯を残して全滅しましたが、この凶作話で持ちきりの駅逓所に、ある日、薬売りの行商人が泊まりました。

「なんでも坂下七郎さんの奥さんが『今年もトウモロコシに実が入った』って言っていましたよ。この辺で作っとる品種とは違うらしいですよ」

翌日、あきはさっそく坂下家を訪れました。畑を見ると、確かにそのトウモロコシには実が十分に入っており、大きく育っていました。

「坂下さん、これはすごいことだよ。大事にとっておいて、来年の種にしましょう」

あきはこのトウモロコシを十勝農業試験場に持ち込み、自身も試作を始めました。すると、収穫量は従来のものより多く、熟期も早いことがわかりました。

同時に十勝の農業試験場でも同じような結果が出され、この品種は「坂下種」と名付けられ、道東地方の優良品種として長く栽培されることになったのです。

「あきさんのおかげだよ。俺と家内だけではとても普及させようなんて考えは起こらなかった。俺の名前までつけてもらえて、本当にありがたい」

「みんな一緒に力を合わせてこの地方を発展させていかなきゃ。困った時は助け合いが大事なんだよ」


しかし、大正時代はその後も凶作の連続で、ついには生活に困る農家が続出し、離農する者や借金が払えず夜逃げする者も現れました。あきは駅逓所に寄せられる悲劇的な話題の中で、「組合設立」という考えを持ち始めました。

「共同で日用品を一括購入したらどうだろう。その方が安くあがると思うよ」

こうして浦幌村で共同購入の参加者が徐々に増えていき、それは全村一丸となった組合設立の運動に発展しました。

「組合長にはぜひ北松さんにお願いしたい。村内で一番人望のある人といったら、あの人しかいないんだ。あきさんからも説得してくれないか」

北松は農場監督、駅逓取扱人を経て、この時は村議会議員や様々な公職に就いており、そのうえ産業組合長まで務められる余裕などありませんでしたが、あきは必死に説得しました。

「あなたがいつも望んでいるのは困っている人を助けることでしょう？　組合を興すことが、今一番の人助けですよ」

「わかった。お前がそう言ってくれるなら、頑張ってみるよ」

こうして昭和2年、浦幌信用購買販売組合は設立されました。あきが47歳の時のことでした。

組合長に北松を据えて船出をしたものの、組合の経営は苦しく、凶作の上に世界恐慌の波が農村にも押し寄せ、農産物価格は軒並み下落しました。農家経営は貧しさのどん底に追い落とされ、借金ばかりが増え、組合も資金難で身動きが取れなくなったのです。

「これは一筋縄ではいかん。本腰を入れて組合を軌道に乗せねば」

北松は、それまで続けてきた村議会議員はもとより全ての公職を辞めて、組合業務に専念することを決意します。

一方、組合誕生の翌年、20年間地域の発展とともにあった中浦幌駅逓所は廃止となりました。本州からの入植の終了、鉄道の開通などが主な要因でした。これを機に北松とあきは、新たに土地を買い求めます。

「駅逓所の仕事も終わったことだし、念願の牧場経営を始められるわ。大好きな馬を増やすのが夢だったから」

「あき、お前には苦労ばかりかけるが、牧場は全部任せる。それと…この牧場を組合の担保にして、銀行から融資を受けたいんだが、了承してくれるか?」

「なにをおっしゃいますか。あなたがどれだけ組合で頑張っているか、私はよくわかっていますよ。牧場は子供たちと力を合わせてやりますから、家のことはどうぞ心配なさらず、あなたは組合のために思う存分働いてください。もともとあなたの収入なんて昔からあてにしてませんから」

あきはそう言って笑い、夫を励ましました。

浦幌駅開業の様子

北松は組合長として連日事務所に泊まり込み、昼は業務、夜は農家をまわって農産物の出荷の話などで、寝る間もなく働きました。自宅に帰ってくるのは月1～2度だけ。あきは夫の着替えを事務所に届け、陰ながら夫を支えました。こうした苦難の中で、浦幌組合は徐々に軌道に乗り、農業倉庫も建てられ、組合に集まる農産物の量は年々増加。北松は昭和16年まで組合長を続けましたが、その間組合からは一銭の報酬も受け取りませんでした。

「それでいいんです。そうでなければ、人様はあなたを信じてくれませんから」

北松はまた、小学校建設の際には建築費を寄付したり、神社や寺院の建立の際には土地10ヘクタールを差し出すなど、村の発展のためには私財をなげうつことを惜しみませんでした。

開拓50周年記念が催された際、北松は村を代表して表彰されましたが、村人たちは口々に言いました。

「ありゃ、あきさんが表彰されたようなものだ。北松さんが頑張ってくれたのは、全部あきさんのおかげだ」

地域の人々に愛された中川夫妻は、昭和26年に北松が、そして35年にあきがそれぞれ地元浦幌町で他界しました。80年の生涯を全うしたあきの葬儀が執り行われた時、アイヌの人々が大勢訪れ、遺族たちを驚かせました。

「中川あきさんから昔いただいた着物を着てまいりました。あきさんには何度も助けられました。

亡くなられて本当に残念です」

明治、大正、昭和の激動期、数々の困難をくぐりぬけ、夫を支え、11人の子供たちを立派に育て上げた中川あき。一開拓者の妻として、駅逓所の名物おかみとして、彼女が人々に伝えたものは、まぎれもないフロンティアスピリットでした。

ジュール・ブリュネ

1838〜1911

ジュール・ブリュネは、徳川幕府の要請により、軍事教練のために日本にやって来たフランス軍事顧問団の副団長でした。しかし来日から1年も経たず幕府は崩壊、この時ブリュネはフランスへの帰国命令に背き、榎本武揚率いる旧幕府軍とともに箱館で新政府軍と戦ったのです。サムライ魂を持ったフランス人、ブリュネの波乱の人生を辿ります。

「ブリュネ殿、皆さん、どうかお元気で。フランス軍士官が幕府の正義のために戦ってくれたこと、まことに感謝します。あと数日で我々は全滅するかもしれません。ですが、あなた方だけは無事本国まで逃げ延びてください」

「ここで別れることは身を切られる思いで

す。榎本殿、土方殿、どうかお命を粗末になさらぬよう。和の心を持った素晴らしいサムライたちと行動をともにできたことは、私たちの生涯の誇りとなるでしょう」

明治2年5月、箱館・五稜郭に立てこもる千人の旧幕府軍を8千人の新政府軍が攻撃し、五稜郭は陥落。総裁・榎本武揚らが降伏し、ここに箱館戦争は幕を閉じました。その直前、ジュール・ブリュネは、箱館港に停泊中のフランスの軍艦に乗り、戦火から逃がれていました。フランス軍の英雄でありながら、日本人のサムライ魂に共感し命を賭けてくれた彼を、旧幕府軍は全力で守ろうとしたのです。

ブリュネは1838年、フランス東部の都市で生まれ、幼い頃から周囲の期待を背負って育ちました。エリート軍人を育てるフランスきっての名門校を卒業すると、陸軍砲兵少尉に就任。その後、メキシコ遠征に出征し、その活躍から26歳の若さで、フランスの最高勲章である「レジオンドヌール勲章」を受勲。絵を描く才能にも恵まれ、彼が戦地で描いたデッサンは国内中に公表されて、ブリュネの名は一躍広まりました。

背が高くて端正な顔立ち、才能と行動力にあふれる青年は、若くして名声を得、人生の絶頂を味わいました。彼に日本行きの話が持ち込まれたのは、まさにそんな時でした。

日本ではアメリカの黒船来航以来、薩摩・長州両藩が開国を望み、幕府を倒そうと計画を進めていました。それを抑え込もうとした幕府は、軍を率いて長州征伐に向かわせますが、寄せ集めの兵士に過ぎない軍隊では、銃や大砲など近代的装備を持つ長州軍に、太刀打ちできるはずもありませんでした。

そこで幕府は、軍の武力を高めるため、戦のプロであるフランス軍に指導を求めます。当時、日本とフランスは日仏修好通商条約を結び、交流が始まったばかりでした。フランス皇帝ナポレオン3世は、日本との関係を深めるために軍事顧問団を派遣することを決定。これに従い、フランス陸軍は、すぐさま熟練の者たちを集め、その中でもメキシコ遠征から帰国したばかりの国民の英雄、ジュール・ブリュネを軍事顧問団、副団長の座に据えました。

「ブリュネ君、極東の日本の大君が君をお呼びだ。我がフランスを代表して、大君をお助けすることが、ひいてはフランスの国益になるのだ」

「近代式の軍事訓練を行って戦える力をつけてやれということですか?」

「そうだ、日本人は有能にして勇敢な民族と聞いている。やりがいのある仕事だ」

「わかりました。喜んで日本に参ります」

ブリュネは、まだ見ぬ東洋の島国への憧れと責任の重大さに、胸を高鳴らせました。そして明治維新の1年前の1867年、シャノワーヌ団長以下15人のフランス軍事顧問団は、2カ月がかりの船旅の末、浦賀港に入港しました。

横須賀では、フランスが2年前から240万ドルの資金を援助し、造船所と製鉄所を建設していました。それを見学してから、一行は、横浜の公使館でロシェ駐日フランス公使のもとを訪れ、日本の現状を聞かされました。

「昨年、徳川家茂《いえもち》公が21歳の若さで亡くなった。王政復古を叫んで武装蜂起した長州藩との戦いの真っ最中だった。15代将軍には徳川慶喜《よしのぶ》公がおさまったが、全国の各藩も京都の朝廷につくか、江戸の徳川幕府かで動揺しておるという。我がフランスは、伝統的な徳川幕府を正当な政権と認め、これに協力するつもりだ。諸君も大君に招かれた栄誉ある軍事顧問団としての誇りを持って任務にあたって欲しい」

ロシェ公使の熱のこもった説明に、28歳のブリュネは身の引き締まる思いでした。

翌日からフランス軍事顧問団は、専門別に歩兵、騎兵、砲兵の指導にあたることになりました。ブリュネは砲兵隊を担当。しかし、兵舎に案内されたブリュネは自分の目を疑いました。そこは兵舎というより、粗末な仮小屋のようなものだったのです。さらに、兵器といっても旧式の大砲が2門あるだけ。これでは戦争はおろか、教練もできないではないか。ブリュネがガックリと肩を落とした時、目の前に2人の侍が現れました。一人は大鳥圭介、もう一人は少年で、田島金太郎と名乗り、ともに幕府の指示で、ブリュネらの指導を受けるため、兵舎の準備をしながら待っていたと言いました。

　ブリュネは再び驚きました。刀を差した髷姿の侍が、正確なフランス語を話すなど思ってもみなかったのです。

「我々は2年前からこの兵舎でフランス語を習っています。一日も早く幕府陸軍を編成して、薩長の軍隊を迎え撃つ準備をしなければならないからです。そのためにも一日も早いご指導と兵器の補充をお願いします」

大鳥圭介

　ブリュネは、すぐさま手配に駆け回りました。フランスの軍艦から予備の大砲を、駐留軍からは銃や火薬を、さらに軍服や靴まで調達し、幕府には兵器の国産化を進言、そして兵士たちを集めて訓練を開始しました。

　ブリュネは、世界最強を誇ったナポレオン軍を再現しようと、朝から深夜まで厳しい訓練を課しました。兵士たちは「伝習隊」と呼ばれ、その多くは庶民階級の出身で、ならず者、博徒、農民たちでした。その代わり、彼らは出世欲と愛国心にあふれ、ブリュネの厳しい訓練にもよく堪えました。

ブリュネの「アン、デュウ、トロア」の掛け声に、「ウィ、ムッシュウ」と、あたりには毎日耳慣れぬフランス語が響き渡りました。

「こんな連中を訓練できるものですか？」

幕府の高官たちは身分の低い兵士たちを差別しましたが、ブリュネは反論しました。

「彼らは実に熱心に我々の教えを吸収します。それに、こうした身分に対する偏見をなくさなくては、強い国民軍はつくれませんよ」

兵士たちは皆好奇心旺盛で、厳しい訓練の終了後もブリュネの元に集まり、鉄砲の操作、隊列の組み方など、様々な質問を投げかけ、その指導を忠実に守りました。そして数カ月が経つと、彼らは基本的なフランス語を理解するようになり、ブリュネとの信頼関係もゆるぎないものへとなっていきました。

「これなら大君の直属に相応しい軍隊だ。必ず薩長に勝てる！」

はじめは単なる寄せ集めにすぎなかったこの伝習隊。しかし今では立派な近代的軍隊へと成長していました。そんな頃、ブリュネたちに大坂城の徳川慶喜との謁見の機会が訪れます。

「我が徳川の軍隊は、海軍力こそ優れているが、陸軍、特に砲兵隊の力はまだ満足すべきものではない。あなたの努力に期待しています」

「上様、ご心配は無用です。我がフランスはあなたの味方ですし、私の教え子の伝習隊員もたくましく成長しております」

ブリュネは、この大君と日本国のために命をかけても惜しくないと思うほどの深い感動を覚えました。

しかしそれから数ヵ月後、事態は大きく動き出しました。薩長の勢いに呑まれた慶喜が、政権を天皇に返還したのです。幕府側の人々は、将軍のこの行動に唖然としました。日本はこれからどうなっていくのか。ブリュネは大鳥圭介や田島金太郎との会話で、複雑で微妙な日本の政局を理解し、それとともに、薩長中心の倒幕派の非情さと、徳川に対する過酷な処分に憤りを感じました。

こうして1867年秋、日本は大きな変革の時を迎え、ブリュネもまた、大勢の日本人とともに正義を賭けた戦いに走り出すことになるのです。

刻一刻移り変わる日本の情勢に緊張しながらも、それぞれの軍事訓練に汗を流すフランス軍事顧問団。ブリュネはこの1年足らずの間、幕府の人間を見てきて、フランス軍の騎士道精神に通ずるものがあると、深い感銘を受けてきました。そのため、もし幕府と薩長が正面衝突したならば、迷わず伝習隊を率いて幕府とともに戦う決意を固めていたのです。

年が明けて1868年正月。ついに鳥羽伏見の戦いが勃発しました。日本の大きな内乱はフランス本国にもすぐに伝えられ、これまで幕府側についてきたフランス人たちは、本国の命令により中立の立場を取ることを余儀なくされます。

フランス軍事顧問団の命を預かるシャノワーヌ団長とブリュネ副団長は、連日話し合いを行いました。

「今、大坂の大君のもとに君の伝習隊が派遣されている。彼らはよく戦っているようだが、まだ彼らも完璧ではない。この戦いは時期尚早だ」

「そうです、シャノワーヌ団長。フランスから武器や装備も届いておりませんし、まだ準備不足です。何より伝習隊の戦闘指揮は、私が執らなければ力を発揮できません。大鳥君に頼んでいますが、訓練にはもっと時間が必要でした」

ブリュネたちの不安は的中し、幕府軍は各地で負け戦を強いられます。さらに薩長側に、朝敵を征伐する際に掲げる錦の御旗《みはた》がひらめいたことにより、幕府軍は賊軍となってしまったのです。

ブリュネらが慌てて大坂城に向かうと、時すでに遅し、徳川慶喜は大坂城を脱出し、江戸へ逃げ帰った後でした。人々は茫然となりました。

「戦いはこれからではないか…。しかも兵士たちを置き去りにして…。幕府はこれで終わりだ。だが我々にはフランス軍人としての誇りがある。大坂城は必ず守る。私が手塩にかけた軍隊がどれほど強いかを今こそお目にかけてやる」

しかし、将軍が逃げた噂が広まると、兵士たちの士気は乱れ、幕府軍は大坂からの撤退を余儀なくされます。その後も慶喜は、朝廷への恭順の姿勢を崩しませんでした。

そして4月11日、江戸城は無血のうちに明け渡され、ついに幕府は崩壊したのです。

その頃、横浜に移っていたブリュネの宿舎に、一通の手紙が届きました。手紙には、親友大鳥圭介が伝習隊を率いて江戸を脱走したこと、まだ幕府には海軍があり、海軍副総裁・榎本武揚が、蝦夷地へ行って幕臣たちが暮らせる場所を作ろうとしていると書かれていました。

ブリュネの騎士道の血が騒ぎました。今回の新政府の処置が非道であることは常日頃彼も感じており、大鳥や榎本らがサムライ魂を貫き、今回の行動を起こしたということが、ブリュネの胸を強く打ったのです。

しかし時を同じくして、薩長率いる新政府は、フランス軍事顧問団に国外退去を通告しました。フランス公使は彼らを帰国させることで決定し、シャノワーヌもそれに賛同していたのです。

榎本武揚

「私はフランスを代表する立場だ。私の一挙一動が国際問題に発展する恐れもある。新政府の命令通り顧問団を率いて帰国すればいいのか、大島さんについていった500人の伝習隊の命を守るためにも彼らと行動をともにするか…」

彼の中ですでに答えは出ていました。これまでの輝かしい経歴や同胞からの信用を全てなげうって、サムライの道に突き進んだのです。ブリュネはシャノワーヌ団長に、本国のナポレオン3世にあてた詫び状と辞表を託しました。

「私はフランス官吏としての将来を捨て、日本人の慎ましくも気高い精神に賛同することにしました。私はこの国の同志の役に立ちたいのです。彼らのためには戦で命を落としても惜しくはありません」

「そうか、負け戦とわかってそこまで覚悟しているなら何も言うまい。君がいれば伝習隊員たちの士気も上がるだろう。命だけは粗末にするなよ」

「はい、お世話になりました。シャノワーヌ団長」

ブリュネの潔さは他の軍事顧問団員にも影響を与え、18人中5人ものメンバーが一斉に軍籍を離脱したのです。

こうしてブリュネは軍艦「開陽丸」に乗り込み、榎本武揚の旧幕府海軍とともに蝦夷地へ上陸。

箱館の五稜郭を占拠後、すぐに全軍の再編成にかかりました。海軍は榎本武揚が指揮、陸軍は大鳥圭介が奉行、そして兵士たちの指揮はブリュネに一任されました。ブリュネは伝習隊の訓練と同様、再びフランス陸軍式に編成し、合流したフランス人士官たちとともに、この先やってくるであろう新政府軍に立ち向かえる強い兵士たちを育て始めました。

その後年号が改まった明治元年暮れ、旧幕府軍とイギリス・フランス両領事との交渉が行われました。蝦夷地にいる外国人の安全と利権を守る話し合いでした。榎本はこの機会を利用し、新政府に反逆する意図がないこと、家臣団の将来の生活設計のために蝦夷地開発を行いたいという旨を伝えました。フランスとはブリュネも交渉し、こうして彼は蝦夷地での旧幕府軍の活動を積極的に手伝いました。

「ブリュネ殿は相変わらず大変なご活躍だそうですな。西洋式の戦のプロがいることは俺たちにとって本当に心強いことです」

「土方さん、私はあなた方の立派なサムライ魂に惚れただけです。私もフランス軍人として、最後まで騎士道精神を発揮するまでですよ」

いつしかブリュネと首脳陣との信頼関係はゆるぎないものとなっ

フランス軍士官と旧幕府脱走軍士官

ていきました。

　そして明治2年4月、いよいよ箱館において新政府軍との戦いが開始。しかし旧幕府軍はことごとく押しまくられ、ついに最後の拠点、五稜郭を残すのみとなりました。4月29日、新政府軍の総攻撃が通告され、市内の領事や外国商人、庶民たちは全て町から退去し、榎本はブリュネたちに脱出を勧めました。

「ブリュネ殿、ここが潮時らしい。あなた方のご協力には感謝しています。それゆえ、あなた方を死なすわけにはいきません。ちょうど今、フランス軍艦が港に停泊している。あれに乗って本国へお帰りください」

「待ってください、榎本さん、私は顧問としての任務が……」

「いいえ、もはや議論の余地はありません。我々は総攻撃、または全滅の道を選びます。フランスで日本人の武士道を伝えてくださることが今後のあなたの役目です」

「榎本さん……」

　ブリュネたちは後ろ髪を引かれる思いで、フランス軍艦に乗り込み、横浜にて取り調べを受けたのち、そのまま本国に強制送還されました。

土方歳三

当然厳しい処分が下るだろう。そう覚悟していたものの、多くのフランス国民が彼らを温かく迎え入れました。人々は、彼らの日本での勇敢な行動に、絶大な賛辞を送ったのです。こうした世論の声が反映されて、ブリュネたちが軍事裁判にかけられることはありませんでした。さらに、軍に復帰することも許され、ブリュネは再びフランスの英雄として生きていくことになったのです。

日々軍事訓練に励む中、ブリュネは時折遠い日本に思いを馳せました。自分が日本を去った後、土方歳三が戦死したこと、榎本武揚と親友大鳥圭介は、その能力を買われて日本政府の首脳陣として再び活躍していることなどを聞くたび、あの2年間のような熱い日々は二度と訪れないだろうと、ふと、寂しい思いを抱くこともありました。

明治28年、ブリュネに対し、明治政府は勲二等瑞宝章を贈りました。これは外国人に授与される勲章としては最高位のものであり、政府閣僚となっていた榎本武揚の強い推薦があったといいます。

その後明治44年、ブリュネはパリ郊外の自宅でその波乱の生涯を終えました。享年73。

このジュール・ブリュネの物語は、トム・クルーズ主演の映画「ラスト サムライ」の主人公、ネイサン・オールグレン大尉のモデルともなり、平成の世に改めて脚光を浴びました。

川《かわ》崎《さき》　静《せい》一《いち》郎《ろう》

1911〜2003

毎年秋に、札幌市円山競技場で開催される「川崎静一郎記念陸上競技大会」は、北海道陸上界の基盤を築いた川崎静一郎を讃えて開かれており、個人名を冠した小中学生の陸上大会としては唯一のものです。戦前は陸上選手として活躍し、引退後は北海道のスポーツ振興に力を尽くした川崎静一郎の生涯です。

昭和4年秋、「第15回全国中等学校陸上競技大会」が開催され、全国から選りすぐりのトップランナーが東京に集いました。今も昔も陸上競技の花形であり、北海道代表・川崎静一郎の最も得意とする、男子100m。しかし第1次予選、静一郎は島根師範の吉岡隆徳《たかよし》と顔を合わせることになっており、不安の色は隠せませんでした。

「よりによって最初から日本代表の吉岡と一緒なんて……。でもやるしかない。絶対に負けたくない」

この大会では中学校と師範学校生が肩を並べるため、学制の関係で、最高学年同士は2年年長の師範学校生がどうしても有利になるシステム。日本代表入りしている師範学校の吉岡は、静一郎より2歳年上の20歳。中学5年生の静一郎は18歳でした。

第1次予選は、飛び抜けて強い吉岡が1着。静一郎が2着で通過。続いて2次予選、静一郎は11秒3の北海道新記録を叩き出し、1着となりました。そして翌日の準決勝では、再び吉岡との対決を迎えました。

息詰まる熱戦は、90mまで静一郎がリード。しかし残りのラストスパートで吉岡が追い抜き、静一郎は胸一つ差で2着に沈みました。

「まだ決勝がある。次こそ必ず吉岡を超えてやる！」

そして、中学生としてただ一人師範勢に混じって迎えた、100m決勝。日本一に輝いたのは、やはり吉岡でした。2着には新潟師範の岩脇が入り、静一郎は3着に終わったのです。

「よく頑張ったよ。師範勢を相手に大健闘だったじゃないか。中学生としては日本一だ。もっと自分を讃えてもいいいんだぞ」

「コーチ、納得なんかできません。いくら年上とはいえ、吉岡選手と3回走って1回も勝てないなんて。帰ったらもっと走り込みます」

3年後のロサンゼルスオリンピックで東洋人として初の100m決勝に進んだ、この吉岡との戦いこそ、その後の静一郎の生き方を決めたレースでもありました。

諦めずベストを尽くす姿勢。自分に打ち勝つ強い心。これこそ、後年北海道の陸上界を長くリードし、スポーツの発展に尽くすことになる、川崎静一郎の若き日の姿だったのです。

川崎家の出身地は新潟県。一旗揚げようと夢見た祖父が、10歳の父の手を取り、札幌にやってきたのは明治26年のことでした。その18年後の明治44年、静一郎は川崎家の長男として誕生します。

静一郎が物心ついた頃、父は札幌の中心街で製粉業を営んでおり、落雁や最中の原料となる粉を製造。札幌の銘菓店「千秋庵」や「三八」に卸していました。

「最高の原料をつくって取引先の信用を得る。これが大事だ。静一郎、覚えておくんだぞ。男たるもの、損をしてでも正義を重んじなければ駄目だ」

父は業界の間でも信用が厚く、地元の消防組合や町内会、統計調査、国勢調査など、あらゆる分野の公職にも携わりました。静一郎は、人のために力を尽くす奉仕の精神を、この父から叩きこまれ、父を模範として育ったのです。

「人様のお世話を引き受けた以上、何があろうと命がけで最後までやり遂げなさい。ただし、それは決して自分一人でやれるものではない。家族や周りの人たちの協力があって初めて達成できるものだ。人への感謝の心、これを忘れてはならんぞ」

父の言葉は、幼い静一郎の心に刻み込まれ、生涯を支える大切な教訓となりました。

西創成小学校に入学した静一郎は、かけっこがずば抜けて早く、その他のスポーツも全て万能。特に運動会での活躍ぶりは、本人も周囲も驚くほどでした。

そして卒業を間近に控えると、静一郎は進学を希望します。

「もう少し勉強がしたいし、スポーツもやりたい。お父さん、中学校へ行かせてください」

「商売に学問はいらん。跡取りとして家業に専念しなさい」

明治気質の父は一向に取り合ってはくれませんでした。母が助け舟に割って入り、札幌商業学校の受験だけでも受けさせてみては、と父を説得。結果は見事合格でした。

「商業学校は商売人としての心得を学べます。僕の将来に絶対損にはなりません。入学させてください！」

「うーん、しかたない。毎日御用聞きの仕事をすること。一日でも怠ったら退学だからな」

頑固な父をどうにか説き伏せ、静一郎は進学を許されます。

ここから家業と勉強のかたわら、彼のスポーツ人生が始まりました。はじめは一番好きな野球。次に相撲。それらに飽き足らなくなった頃に行われた3年生の運動会で、静一郎は100mと走り幅跳びの2種目で、2位に大差をつけて優勝したのです。

これを機に陸上部に入部することになり、本格的な練習が始まります。

「速い！　速すぎる！　川崎、お前今まで何かやってたのか？」

「いえ、特に。小さい頃から逃げ足は早かったですが」

「こいつは楽しみだ。育てがいがあるぞ」

生来持っている体格の良さと恵まれた脚力に、専門的な練習を積んだ静一郎は、入部からわずか1年足らずで出場した「全道中等大会」の200mで3位を獲得します。

翌年、最終学年の5年生でも記録を伸ばして、100m2位、200m3位、1600mリレーで全道優勝。静一郎は、札幌はおろか北海道有数のトップランナーに成長し、全国大会へと駒を進めたのです。

札商5年生の時　右から2人目が川崎静一郎

そして臨んだ全国大会。2歳年上の吉岡選手に負けたものの、100m銅メダルの大健闘が評価され、名古屋大学や早稲田大学、その他多くの企業からもこぞってスカウト合戦が始まりました。

「できたら進学したい。でも、無理を言って5年間商業学校に通わせてもらったんだ。これ以上は諦めるしかないな」

それでも、陸上競技だけはなんとしてでも続けたい。そこで、静一郎は最も条件の良かった札幌鉄道局に入ることを決断。当時、北海道の官公庁では陸上競技が盛んで、特に鉄道局は過去に南部忠平のスカウトにも成功するなど、優秀な人材獲得に力を入れていました。ところが…。

「何？　国鉄だと？　おまえは商売をする気がないのか！」

父は烈火のごとく怒りました。が、今度ばかりは静一郎も意思を曲げません。

「商売はいずれやります。今はとにかく陸上がやりたいんです。これだけはどうしても認めてもらいます！」

粘りに粘ること数日、ついに根負けした父は、しぶしぶ承諾したのです。

晴れて国鉄職員となった静一郎は、経理部勤務の傍ら、練習に没頭。メキメキと力を伸ばしていきます。入社1年目の昭和5年に出場した「北海道選手権」では、100m、400mリレーに出場し、ともに優勝。翌年の「第1回札幌選手権」では100mで優勝。最終的に最も権威ある大会

「北海道選手権」では、6年間で100m、200m2種目制覇を含め、100m2回、200m1回、400mリレー6回、1600mリレー1回と、計10個の栄冠を獲得。こうして川崎静一郎は、押しも押されぬトップランナーとして、その名を轟かせたのです。

しかし、その栄光は社会人となった昭和11年で終わりを迎えます。日中戦争で召集を受け、中国戦線に派遣されたのです。任務は戦地で最も重要な伝令の仕事。見事な脚力を活かしたその活躍は、写真つきで北海タイムスにも掲載されました。

短距離ランナーとして活躍した頃

2年後、無事兵役を終え、帰還した静一郎でしたが、国鉄に復職せず、新しい人生を踏み出す決意を固めます。それは、中国の鉄道会社への就職。戦時中の苦しい時代、小学校教師の6倍という高額な給料を、実家へ送金しようと思ったのです。それが、ここまで自分を育ててくれた両親への恩返しでした。

そして迎えた日本の敗戦。働いていた「華中鉄道」は中国に接収され、現地の日本人は全ての財産を失いました。そんな中、静一郎は中国人たちに仲間として扱われました。

「この人は俺たちの身内だ。絶対に乱暴しないでくれ」

彼を命がけで守ってくれたのは、陸上競技クラブの教え子たちだったのです。

「ありがとう、みんな。ありがとう……」

スポーツに国境はない。この感動と感謝の心を静一郎は生涯忘れぬことを誓い、帰国の途に就きました。そしてここから、川崎静一郎のスポーツ界発展のための努力が始まっていくのです。


昭和21年、故郷に戻った静一郎を待っていたのは、荒廃した札幌の街並みでした。中でも戦後の食糧難は筆舌に尽くし難く、特に児童の栄養失調が大きな社会問題になっていました。

家業に腰を据え、製粉業者として第二の人生を歩み始めた静一郎は、父の工場とは別の会社を興し、うどん、そばの乾麺を製造し始めます。

そんな時、大きな転機が訪れます。それは、国民の食生活を大きく変えたとも言われる、学校給食。ところが、開始当時の給食は現在とは比較にならないほど粗末なもので、主なメニューはアメリカ軍放出の脱脂粉乳でした。

「川崎さんのところでどうにか加工できませんか？　学校に運ばれてくる時はすでにセメントのようにガチガチに固まって、とても処理できる状態ではないんです。まあこのご時世に口に入るものがあるだけでも、贅沢は言えませんがね」

学校関係者からそんな相談を受け、そこから研究が始まります。

「何の罪もない子供たちが、大人の始めた戦争で長く我慢を強いられてきた。せめて少しでも美味しく栄養価が高いものを食べさせてあげよう」

様々な試行錯誤を繰り返し、そしてついに、自作の給食が完成。それは、従来の脱脂粉乳と米や大豆を混ぜ合わせ、それにマーガリンを加えた粉末スープでした。これに水を加えて煮ると、お粥のようなトロトロのスープになるのです。

「よし、これならお腹も膨れるし、マーガリンの風味に食欲をそそられる。学校でも簡単に調理できるし文句なしだ！」

このスープが札幌市内全域の小学校に配られると、児童や教師たちから大好評を博したのです。幼い頃から常日頃、父親から「仕事は命がけでやるものだ」という教えを受け、一心不乱に取り組んだ成果でした。

その後、静一郎は「日本栄養食品株式会社」を設立。学校給食の粉末スープにさらに改良を重ね、スープベースとして市販を始めます。これが現在のインスタントスープの先駆けとなったのです。

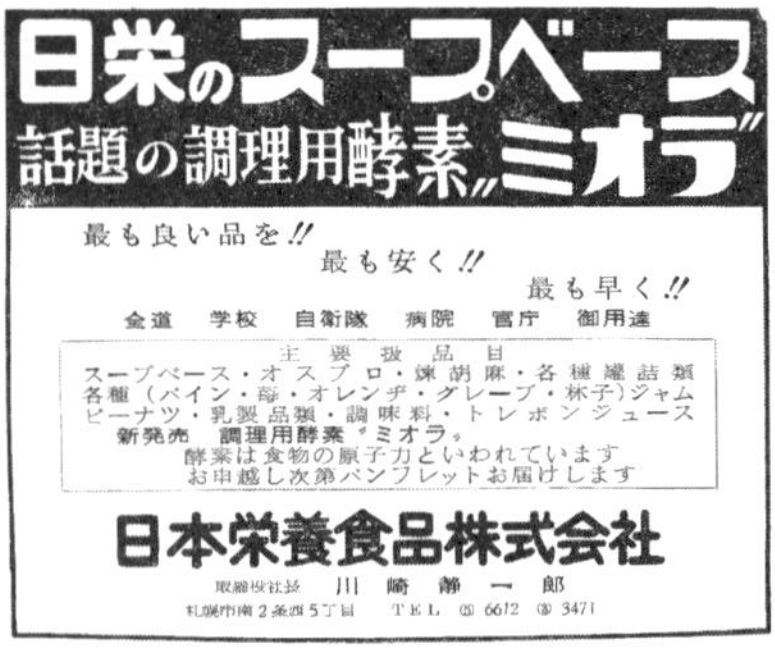

日本栄養食品株式会社　新聞広告

事業は順調に伸び、静一郎が従業員たちと精魂込めてつくる給食は、ベビーブームに沸く高度成長期の札幌の子供たちの食を支えました。この貢献により、平成元年には文部大臣表彰も受賞します。

会社経営者として、静一郎が何より心掛けたのは、人づくりと誠実さでした。

「いつの世であろうとも人が大事だ。世づくりは全て人である。また、如何なる場合でも誠実であること。誠実以外の何ものでもなし」

そこには、幼い頃から父に叩き込まれた人生訓と、戦後の混乱のさなか、中国の仲間たちから受けた人の温かさが根底に流れていました。

スープベースに力を入れた創業当時の車

一方、社業が伸びると同時に、スポーツでの役割も増えていきます。

敗戦後、国民は打ちひしがれながらも、いち早くスポーツを復興させました。中でも、スポーツの基礎である陸上競技の立ち直りは早く、北海道では昭和21年に「北海道陸上競技協会」が復活。

しかし、運営陣やコーチなどの人材不足が否めませんでした。そんな時、北海道陸上界をリードした静一郎が、中国から帰国したのです。当然、白羽の矢が立てられ、「北海道陸協」の理事、さらに「札幌陸上競技協会」の理事長にも推されます。

「日本は戦争で国際陸上競技連盟から除名されていて、23年に開かれるロンドンオリンピックには参加できない。だから、4年後のヘルシンキに向けて、日本全体で今から強化を図っていく。札幌からも君のような優秀な後輩をどんどん輩出していこう」

「わかりました。精一杯頑張ります」

まずは協会の体制づくり。静一郎は若手を登用して重要な役職に据えるなど、思い切った改革を行います。組織を充実させた後は、各競技会、マラソンを含むロードレースの新設、日米大会、オリンピック選手の合宿、そして遅れていた女子競技の選手強化など、着々と基盤を固めていきました。

その手腕が認められ、昭和29年からは北海道陸上競技協会の理事長にも就任。名実ともに北海道陸上界、ひいては日本の陸上界を担う立場となります。

アジア大会やオリンピックに向けての運営、自身の会社経営と、目まぐるしい日々を過ごす昭和36年、父が病の床に倒れます。

人格者として取引先や地域の人々から尊敬された父。家族には頑固で厳しく、恐れられた父。そんな父が臨終の間際、こんなことを言ったのです。

「悪かった。お前を大学にやらなかったこと……。お前がどれだけ我慢をしたのかわかっていながら……。いつも後悔していた。許してほしい」

父はそう言い残して息を引き取りました。50歳になって初めて父の本当の深い愛情を知った静一郎は涙を流しました。

父の死後、静一郎は、父の公職の一部だった民生児童委員と保護司の役職を引き受け、また父の故郷である新潟県県人会の会長も務めました。

「たくさんの公職を引き受けると、よく名声が欲しいのではと陰口を叩かれますが、私は何も名誉が欲しいわけではありません。少しでも父の恩に報いたい。それだけのことです。私の人生で自ら求めたものは、走ることだけです」

父に誇れる男として人生を全うしたい。静一郎はその一心でまい進することを誓ったのです。

その後も静一郎は、今や世界に注目される北海道マラソンやタイムスマラソンを創設。昭和63年には、北海道が生んだオリンピック金メダリスト、南部忠平を記念する大会も制定。札幌冬季オリンピックの際には聖火リレーの最終ランナーを決定したり、国際スポーツ親善などにも力を尽くしました。

これらの功績から、文部大臣表彰をはじめ、様々な表彰を授与された静一郎でしたが、最も嬉しかったのは、「川崎静一郎記念陸上競技大会」が制定されたことでした。

平成3年の体育の日、北海道陸上競技協会では、会長・川崎静一郎の功績を顕彰し、小中学生を対象としたこの大会を開催。しかも会場は、静一郎が青春の全てを捧げ、走り込んできた札幌市円山競技場でした。これにより、静一郎の理念だった青少年の心と体を育むという願いが実現されたのです。

それから10年が経った、平成14年9月14日。毎年恒例となった「川崎静一郎記念陸上競技大会」が行われる円山競技場で、静一郎は一人、スタンド席に佇んでいました。

「忘れもしない、昭和5年の全道大会のあの日。わしは、１００ｍ、２００ｍで優勝して、スタンドを埋め尽くした大観衆から万雷の拍手を受けていた……。何もかもが輝いていた……」

全身に力がみなぎり、走ることが何よりも楽しかったあの頃。それから70年以上の時が過ぎた今、

聖火を抱いて札幌へ
中央のブレザーを着た２人目が川崎静一郎

車イスに乗った自分は……。静一郎は懐かしさと空しさを同時に感じながら、ウォームアップしている選手たちを見て、ふと思い直しました。

「いや、感傷に浸っている暇はない。まだまだやらなければならないことがある。若いアスリートが活躍できる場をもっともっと作ってやらねば」

若い時とは違う力と勇気をみなぎらせ、北海道のスポーツ界のますますの発展を誓った川崎静一郎は、それから10か月後の平成15年、91歳で惜しまれつつこの世を去りました。

川崎静一郎記念陸上競技大会　表彰式

今、北海道で個人名を冠した陸上競技大会は、南部忠平と川崎静一郎の2大会しかありません。真面目に誠実に、真剣に、北海道スポーツ界の発展のために生涯を捧げた川崎静一郎。これからも多くのアスリートが、ここ北海道から世界へと羽ばたいていくことでしょう。

南雲《なぐも》 総次郎《そうじろう》

1877～1960

旭川盲唖学校の創立者、南雲総次郎は、自身も目が不自由ながら戦中戦後の食糧難や運営資金不足などの困難を乗り越え、視覚障害者に教育の道を開きました。

大正11年6月1日、旭川区8条通9丁目に、函館、小樽に次ぐ道内3番目となる私立旭川盲唖学校が誕生しました。

目の不自由な児童4人、耳の不自由な児童8人の入学を学校長南雲総次郎とその妻南雲ヤエ、2人の教師、そして保護者たちは心から祝いました。

障害者教育が重要視されていない当時、盲唖学校は全国でも数えるほどしかありませんでした。それは、特殊教育を専門に指導できる教師がいなかったからです。それまで道内には2校だけ。外国人宣教師の母が創設した函館の盲唖院と、一人の教師が私塾として開設した小樽の盲唖学校のみで、首都札幌にも無かったのです。道内に住む、多くの目や耳の不自由な子供たちは教育を受けられず、中には周囲の目を気にして子供を自宅に閉じ込めてしまう親も少なくありませんでした。

総次郎とヤエは、第1期生の12人の児童たちを温かく迎え入れました。彼らはこれから児童たちと寝起きを共にし、24時間体制で盲聾唖教育に取り組むことになるのです。保護者たちは我が子が教育を受けられる奇跡に涙を流して喜び、南雲夫妻に深々と頭を下げました。そして、強い信念と大きな優しさで教育現場に立つ南雲校長の評判は、その後広く上川管内に知れ渡っていくことになるのです。

北海道の障害者教育の先駆者、南雲総次郎の出身地は、上杉謙信で有名な山形県米沢市。総次郎はその米沢で明治10年に生まれました。家は代々上杉家に仕える米沢藩士でしたが、経済的な事情から農業を主体として生計を立てる半農半士の家系でした。

明治維新後、武士階級は消滅し、南雲家も山形の一農家として暮らしを立てていきます。総次郎も丁稚奉公に出て一家の家計を支えるようになりますが、15歳の時、最愛の母を病気で亡くしてしまうのです。

思いもよらぬ母の死。ふさぎこむ総次郎をなんとか元気づけようと、友人たちが総次郎を狩りに誘いました。気分転換になるからと言われ、総次郎はしぶしぶ出かけていくのですが、ここで悲劇が起こります。

友人の撃った銃弾があやまって総次郎の顔面を直撃したのです。一瞬の出来事に総次郎は痛みを感じる間もなくその場に倒れ、気を失いました。町医者のもとへ運ばれ、ただちに手術。顔に銃弾を受けた総次郎は3日3晩危篤に陥ります。その後、命だけは取り留めますが、彼の目に再び光が差すことはありませんでした。

15歳で経験した母の死、そして完全失明。

朝起きても太陽の光を見ることができない毎日、もしかしたら明日は見えるかもしれないとかすかな希望を持って眠りに就く自分。しかし、翌朝も何も見えない、そんな繰り返しの中、総次郎は毎日泣き暮らし、自暴自棄になっていきました。そんな総次郎を父や兄弟たちは諦めずに必死で励まし続けます。

そしてある日、総次郎は大切なことに気づくのです。

「家族を残して死んでしまった母さんの方がよっぽど辛いはずだ……。光は見えないけど、僕は生きている。食べれば美味しいと感じるし、風呂に入れば気持ちいいと感じている。……死んだ母さんのためにも、僕はこの人生を、精一杯生きるんだ。そして、僕は誰かの役に立ちたい」

長く暗いトンネルをようやく抜けた総次郎。まずは手に職を、と考え、米沢で開業している鍼灸師のもとへ入門。2年間の修業を経て、さらに優れた技術を身につけるため上京し、飯塚寛斎《いいづかかんさい》という高名な鍼灸師に弟子入りをします。飯塚は先見の明を持つ人物で、「これからは鍼灸師といえど、医学を修める必要がある。東京小石川の盲唖学校に入って、基礎学力を身につけなさい」と、教えてくれたのです。

19歳となった総次郎は明治29年、東京盲唖学校に入学します。東京盲唖学校は、京都に次いで全国で2番目に創立された視力障害者のための専門学校。日本で初めて点字を導入していました。

総次郎は早速点字を習得。すっかり諦めていた読書がまたできるようになり、嬉しくて嬉しくて次々と点字の本を読み漁る日々を過ごします。意欲を増した総次郎は私塾にも通って数学や漢文、英語なども学んでいきます。

そんな勉強熱心で意欲的な総次郎に白羽の矢が立ちます。

東京盲唖学校長から、マッサージ師として鹿児島の病院に出向いて欲しいと頼まれたのです。泣き暮らしていた日々からは想像もできない充実した毎日。「人の役に立ちたい」と思っていた通りに彼の人生は進んでいくのでした。

鹿児島では、それまで教育を受けられなかった多くの視聴覚障害者が彼の元へ集まってきました。そんな彼らに総次郎は一生懸命、点字を教えたり、マッサージの技術を伝えます。そしていつの間にか総次郎は彼らにとってなくてはならない人となっていくのです。

当時、鹿児島県内には視覚障害者が400人以上、聴覚障害者が300人以上いました。総次郎は東京で自分が学べたように、鹿児島にも学校があったらと真剣に考えるようになります。やがて明治34年、24歳となった時、鹿児島での学校設立を決意。失明から9年が過ぎていました。

盲唖学校の設立は地域住民の念願でもあり、設立資金は順調に集まりました。

そして2年後、「鹿児島慈恵盲唖学院」の開校にこぎつけます。開校はできたものの、思った以上に学校運営費はかさみ、総次郎は授業が終わるといろいろな商品を背負って売り歩き、その収入を運営資金に充てました。もちろん総次郎の給料はほとんど無かったのです。それでも、「人の役に立っている」という充実感だけは人一倍感じていました。

そんな頃、人の勧めでヤエという女性と結婚。健常者でしっかり者のヤエは、その後、夫の手となり足となり、生涯にわたって総次郎を支え続けていきます。総次郎もまた、伴侶を得たことで人生に新たな生き甲斐ができたのです。

こうして二人三脚で学校運営に取り組む中、「鹿児島慈恵盲唖学院」の生徒数は徐々に増え、大正に入ると財団法人として認可されたのです。

学校設立から18年経った大正10年、総次郎は44歳になっていました。

「人の役に立ちたい」、その一心で全力疾走してきた日々。健常者でも大変な仕事を全盲の総次郎が成し遂げるためには、それ相応の代償が必要でした。南雲総次郎の体と心はボロボロになり、そしてついに神経衰弱で倒れてしまったのです。

妻のヤエは夫に懇願します。

「あなた、お願いですから、休んでください。あなたが健康でなければ、子供たちは健全な教育は受けられません！　お願いです……あなた……」

総次郎は泣く泣く学校経営の第一線から身を引き、治療に専念することを決意しました。そして鹿児島の学校はもう人に任せて大丈夫、自分は新天地で障害者教育に取り組もうと、住み慣れた鹿児島の地を離れることも決断するのです。そして選んだ土地が、総次郎の父が入植していた北海道・和寒だったのです。

上川の和寒町にやって来た南雲総次郎は健康を取り戻します。そして鹿児島で学校経営を行った経験を活かして、再び学校建設に向けて動き始めます。建設予定地は上川の中心地、旭川。まずは旭川区長のもとを

妻ヤエと生徒たち

訪ねました。区長は学校設立には賛成しましたが、行政に割ける予算がないため、総次郎に地元の名士や実業家たちの名刺を渡しました。

ヤエは夫の手をとり、名刺に書かれてある住所を一軒一軒訪ね歩き、寄付金を募りました。名士の家を訪問しても玄関先で何時間も待たされることもあれば、約束した日に行っても留守だったりと、それはまさに筆舌に尽くしがたい苦労の連続でした。加えて温暖な鹿児島の気候に慣れた体が、北海道でももっとも寒い旭川という土地に中々慣れず、まさに身を切るような辛さでした。

2人は防寒着や食糧を買う金もなく、毎日塩をなめながら、薄い上着だけで身を寄せ合いました。

しかし、2人の努力は徐々に実を結びました。目の不自由な総次郎がヤエの手を借りて懸命に募金に歩く姿は、多くの人々の心を打ち、やがて協力者が続々と現われるのです。

こうして学校設立のための寄付は順調に集まり始めます。また旭川教育会所有の旧図書館が校舎として無償で使えることになったのです。

そしてついに大正11年6月1日、待望の旭川盲唖学校が誕生しま

旭川盲唖学校

す。
ここでも鹿児島で経験したように運営資金が足りません。子供たちの食費や教科書代を稼ぐために総次郎たちは空き時間を見つけては、上川、空知、留萌、宗谷など、道内各地を寄付集めに歩き続けました。

総次郎の熱意と優しさ、指導力の高さは、保護者たちから絶大な信頼を得ていきます。全ては鹿児島での経験が物を言いました。昭和に入ると生徒数の増加で校舎が手狭になってきます。もっと広い校舎で子供たちを伸び伸びとさせてやりたい、そう思っていたところで、地元名士が使わなくなった病院施設を開放してくれたのです。

昭和13年、総次郎61歳の時、日本は軍国主義の中、食糧や衣服などの物資が全て配給制となり、生活はどんどん苦しくなる一方でした。南雲夫妻は、50人あまりの児

昭和８年の旭川盲唖学校

童たちの食糧確保に追われたのです。

「保護者は自分たちを信用して、伸び盛りの子供を預けている。だから、どんなことをしてでも子供たちを栄養失調にさせてはならない」

これが総次郎の命を削ってでも曲げられない信念でした。

2人は毎日のように木箱を背負って付近の農家を訪ね歩き、茶碗一杯分の雑穀を恵んでもらいました。時には物乞い扱いされたり、障害を持つ子供をだしにしていると言われましたが、何を言われようとひたすら頭を下げ続けました。

また、戦時国家の中で障害者が足手まといになると思われぬよう、総次郎は、児童たちに農家の手伝いをさせたり、鍼灸・マッサージなどにも出向かせました。障害児たちでも立派に社会貢献ができることを世に知らしめたかったのです。総次郎自身も、老体に鞭打って、荒れ地を開墾して農作業に励みました。

こうして、夫婦はいつでも希望を捨てず、ありとあらゆる手を尽くして、子供たちを飢えから守ったのです。

そしてついに迎えた終戦の年。旭川盲唖学校は90人の大所帯となっており、経営は逼迫。教師たちには給料も満足に出ませんでした。それでも誰もやめることなく、皆南雲夫妻を全力で支え、奉仕の心で子供たちの教育にあたりました。

その甲斐あって昭和23年、旭川盲唖学校は北海道立となったのです。

この時、北海道立旭川盲学校と北海道立旭川聾学校の二つに分かれて独立。運営費は公費で賄われるようになり、経済的な心配は全て解消されたのです。

もうお金の心配をしなくていい……。

南雲夫妻が永年背負ってきた肩の荷はようやく降ろされたのです。


その後、ヤエは旭川盲学校の寮母となり、総次郎は初代校長に就任。総次郎は稚内での盲唖学校設立を目指し、昭和22年、私立稚内盲唖院の開設にこぎつけました。

北海道旭川盲学校校長を最後に、教育の現場を退いた南雲総次郎。誰もが心からの拍手を送りました。そして昭和23年、ヘレン・ケラー賞が、昭和33年には文部大臣賞が総次郎に贈られました。

15歳で視力を失ってから68年間、南雲総次郎はただひたすら「人の役に立ちたい」という一心で生き抜きまし

妻ヤエと総次郎

た。そして昭和35年、北海道の地でその命を閉じたのです。享年83。

現在北海道には、身体障害者手帳交付状況による、視覚障害者1万6879人、聴覚または、平衡機能障害者2万5239人（平成29年3月31日現在）が暮らしています。こうした障害を持つ人々の人権や生活は長い年月をかけて少しずつ向上してきましたが、その影で懸命に戦ってきた人々を私たちは忘れてはなりません。

金《かん》成《なり》　マツ

1875～1961

アイヌ民族の文化の代名詞とも言える「ユカㇻ」。ユカㇻとは、アイヌ民族の間に古くから伝えられる叙事詩で、神々の世界の物語や英雄の冒険談などを歌にして表したものです。文字を持たないアイヌの人々は、このユカㇻを親から子へ、子から孫へと長い間語り継いできました。それを75冊ものノートに書きおこしたのが、アイヌの女性、金成マツです。知里幸恵の養母でもあった彼女は、娘亡き後、その遺志を継いでアイヌ文化を後世に継承することに生涯を費やしました。

アイヌ民族の叙事詩「ユカㇻ」を初めて一般に広く紹介したのは、アイヌ語研究家であり、言語学者の金田一京介でした。しかし、ユカㇻは、それ以前からすでに、学者や北方探検家の間で知られており、その力強い語り口から、「えぞ浄瑠璃」とも呼ばれていました。

文字を持たないアイヌ民族にとって、ユカㇻは、価値観・道徳観・伝統文化などを子孫に継承していくうえで非常に大切なものでした。しかし、その言葉は、アイヌ語の通訳にも理解しづらいほど難しいため、長い間、ユカㇻの内容は解明できずにいました。

日本語の仮名で書くことのできないこのユカㇻを、およそ30年にわたってローマ字で文章にまとめ、後世に伝えたのが、金成マツという女性でした。彼女がユカㇻを書き始めたのは、50歳を過ぎ、老境に入っていた頃でしたが、マツは残りの人生すべてをかけてユカㇻを筆録し続けました。そしてそれは、現在もアイヌ民族の文化を語るうえで欠かすことのできない貴重な資料となっているのです。

金成マツ、本名カンナリ・イメカヌは、明治8年、胆振地方のアイヌ民族の名門・カンナリ家の長女として生まれました。母方の祖父ラサウは、近隣にその名をとどろかせた、登別コタンの偉大な村長《むらおさ》で、そのラサウの娘、モナシノウクと、カンナリ家を継いだ男性の間に生まれた長女がイメカヌでした。

父は若死にし、その後、母は女手ひとつで2人の娘を育てました。母モナシノウクは、普段はおとなしく無口な女性でしたが、アイヌ民族の間に伝えられてきたユカㇻを多数記憶しており、ひとたび人々の前に出ると、大の男も及ばぬほどの大声で、長いユカㇻを一言も間違えずに謡いました。その母のユカㇻを、イメカヌは最も身近で聴けるという恵まれた環境にあったのです。

そんな彼女に不幸が襲ったのは、15歳の時でした。ふとしたケガがもとで、足が不自由となり、一生松葉づえにすがる身となったのです。しかし、彼女には誰にも負けないものがありました。それは記憶力抜群の母と、偉大な村長だった父から受け継いだ、類まれなる優秀な頭脳でした。

彼女の優秀さは近隣のコタンにも知れ渡り、そんな噂を聞きつけたイギリス人宣教師が、明治25年、函館の伝道養成学校に18歳のイメカヌと、12歳の妹ノカアンテを入学させました。

この学校は、北海道に布教活動に訪れていたイギリスの宣教師たちが、アイヌ民族への布教活動と生活向上のためにつくった学校で、彼らはここに全道各地から選りすぐりのアイヌの青年たち50人を入学させ、英語をはじめ様々な教育を施しました。そして彼らを立派な伝道師に育て上げ、アイヌ民族へキリスト教を広めていきました。

イメカヌは、この伝道養成学校でローマ字などの勉学に励む一方、キリスト教を熱心に信仰する信者ともなりました。

「こんな足では結婚して夫の世話をすることも、幼い子供を育てることもできない。そのかわり、私は伝道師として生きていこう。たくさんのことを学んで、誰よりも深い知性のある女性になろう」

学校におけるカンナリ姉妹の成績は抜群で、イメカヌとノカアンテは7年の在学を終え、明治31年、日高の平取教会で、姉妹ともに婦人伝道師となります。

この頃、カンナリ姉妹は和人の名をつけ、イメカヌは「マツ」という名、妹ノカアンテは「ナミ」という名で、新たに生きていくことになりました。

平取教会で働き始めた24歳のマツは、故郷の母を呼び寄せて3人で一緒に暮らし始めました。親孝行をしたいという強い思いが、伝道活動に励む大きな活力となり、また旭川の近文に移ってからも、女子青年団長、小学校保護者会副会長なども務め、アイヌ民族の地位と生活向上のために力を注ぎました。

一方、ナミは母と姉のもとを離れ、登別で新たな生活を踏み出します。地元のアイヌの青年、知里高吉《たかきち》と結婚したのです。3人の子宝にも恵まれ、幸せいっぱいのはずの結婚生活でしたが、やがて夫は心臓病が悪化し、寝たきりとなってしまいました。ナミはそんな夫にかわって3人の子どもを育てながら、仕事と家事の一切を取り仕切りました。しかし、生活は年々苦しくなる一方で、ついにある時、母と姉に相談を持ちかけます。するとマツはこう言いました。

「下の2人は幼いから母親が必要よ。一番上の幸恵を私のところによこしなさい。あの子なら母親の大変さを理解できるわ」

こうして6歳の知里幸恵は、金成マツの養女となり、旭川の近文に移り住みました。当時マツは34歳で、近文コタンの教会で伝道師として働き始めたばかり。母モナシノウクも相変わらず健在でした。

「幸恵、今日から私をお母さんと呼んでおくれ。おばあちゃんと3人で仲良くやっていこうね」

幸恵はマツがこれまで出会ったどの子供よりも優しく、そして賢い少女でした。マツは幸恵を、母モナシノウクのユカㇻの伝承者にし、また、名門・カンナリ家の跡を継がせようと、我が子以上の愛情と期待をかけて育てました。

しかし小学校に入学後、幸恵には、予想もしなかった困難が降りかかりました。登別コタンではアイヌ民族に囲まれて暮らしていたため、和人からの差別を受けることもありませんでしたが、旭川で幸恵の通った小学校はアイヌ民族がほとんどおらず、幸恵は学校中から注目を集めたのです。

さらに当時、政府は軍国主義のもとでアイヌ民族に強力な同化政策を課し、土地の没収や狩猟の

知里幸恵

禁止、和人名への強制改名などを行い、アイヌ語を使うことも禁止していました。そのため、幸恵は学校でいじめや差別に遭い、慣れ親しんだアイヌ語を使うこともできず、肩身の狭い思いを強いられたのです。

自宅では、祖母が謡うユカㇻを聞き、マツが語る民族の歴史と伝統に触れて、心が安らいだ幸恵でしたが、次第にアイヌ民族である自分を卑しいものと考え、ふさぎ込むようになっていきました。

「かわいそうに。頭がいいことも妬みの対象になってしまうなんて…。どうしたら幸恵に誇りを取り戻させてやれるだろう。私に何がしてやれるだろう」

マツは幸恵が不憫でなりませんでした。

そんな時、金成家の運命を大きく変える出来事が起こります。それはまた、人々がアイヌ民族やユカㇻに注目するきっかけともなった、重要な出来事でした。

それは大正7年夏、一人の男性が金成家を訪れたことから始まります。彼の名は金田一京介。アイヌ語の研究をしている東京の大学教授で、札幌の伝道師から、ユカㇻを調べるのなら、アイヌ民族の中でも指折りの知識人である金成マツを訪ねるようにと言われ、はるばるやって来たとのことでした。この出会いが、後に世界の文化史に残る大きな仕事へと繋がっていくのです。

後年、金成マツの人生を大きく変えることとなる金田一京介は、この頃、アイヌ語研究を始めてから十数年たち、その業績がようやく世間に認められ、学者としての地位が確立されていた時でした。

「金成さん、あなたのユカㇻをお聴きしたくて、東京からやって来ました」

「先生、私のユカㇻの知識は母から教わったものなんです。私ではなく、母の方が、ユカㇻの達人なんですよ」

マツと金田一が玄関先で立ち話をしていると、そこに幸恵が学校から帰宅してきました。幸恵はこの時、女子職業学校に通学する15歳の女学生となっていました。

マツは女ばかりの所帯に金田一を通し、囲炉裏を囲んで4人で話し始めました。ユカㇻに興味を持つ和人になど初めて会った金成家の人々は、樺太から道内各地を歩いてユカㇻを調査している金田一の話に、興味深く耳を傾け、金田一もまた、夜が更けるのも気づかぬほど夢中で話し込みました。

金田一はその晩、金成家に泊めてもらい、翌朝、帰り支度をしていると、マツがこんなことを言いました。

「幸恵、金田一先生は東京のお偉い学者様なんだよ。せっかくの機会だから、習字や作文を金田一先生に見てもらいなさい」

ゆうべは恥ずかしがってユカラについて一言も話さなかった幸恵でしたが、マッにせかされてそっと差し出した学校での成績が、どれも甲の上であることが、金田一を驚かせました。中でも作文がとても美しい日本語で書かれていることに感心した金田一は、

「こんなに日本語がお上手なのに、アイヌ語を知らないとはもったいないですな」

と言いました。当時、アイヌ語は国によって使用が禁止されていたため、若い世代のアイヌ民族は、アイヌ語を覚える機会を奪われていたのです。

「先生、この子はおばあさんっ子なものですから、実は、アイヌ語はどんな大人にも負けないくらい達者なんです。この年で、おばあさんの口真似をしてユカラさえ謡うんですから。私もかなわないほどなんですよ」

金田一はとても驚いて幸恵の顔をまじまじと見つめました。すると、それまでずっと口をつぐんでいた幸恵が、突然思い詰めたように金田一に詰め寄りました。

「先生は、私たちのユカラのために、尊い時間とお金を使ってご苦労なさっているようですが、私たちのユカラとはそれに値するものなんですか。私にはユカラの良さがよくわからなくて……」

「幸恵さん、あなた方は近年の同化政策のせいで、すっかりアイヌ民族であることの誇りを失っているようですが、こんな立派な伝統を持っていることは、とても驚くべきことなんですよ。一晩も

かかるほど長い歌をつくって、それを暗記しては口から口へと伝えている。音だけで叙事詩の姿を伝えている民族は、世界中どこを探してもないんだ。だから今、それを私たちが書き残さないと、永遠に失われてしまう。ユカラはとても素晴らしい文化なんですよ」

金田一の言葉に、幸恵は目に涙をいっぱい溜めて答えました。

「先生、ありがとうございます。私、今、はっきりとわかりました。これからは、人生をユカラの研究に捧げていきます」

それからの4年間、幸恵は精魂込めてユカラを書き記しました。大正11年、東京の金田一のもとに身を寄せ、出版の準備を始めました。彼女の天才的な語学力は、金田一のユカラ研究にもおおいに役立ちましたが、東京の暑さは、もともと体の弱い幸恵の心臓をさらに弱らせました。そして不幸にも上京から5ヶ月後、幸恵は最後の校正の筆を取った後、19歳の若さでこの世を去ってしまったのです。

死の直前、幸恵は「弟はきっと先生のお役に立ちます」と言い残しますが、この時、弟・知里真志保はまだ小学生でした。

「東京で命を削って書いていたなんて……。ごめんね、幸恵。お前にこんな無理をさせてしまって…」

幸恵の死を旭川で聞いたマツは、落胆の色を隠せず、とりわけ孫を可愛がっていたモナシノウクは、生きる希望を見失ったほど落ち込みました。

幸恵の遺作となった原稿は、『アイヌ神謡集』という題名で出版されました。それは、神々のユカㇻ14編をローマ字でつづり、日本語訳をつけた、アイヌ民族による初めての著書でした。

アイヌ神謡集

その出版を見届け、マツの母・モナシノウクは幸恵の後を追うように亡くなりました。

一人きりになったマツは、しばらくは途方に暮れましたが、やがてこんな思いが芽生え始めます。

「母の生きているうちに、あのたくさんのユカㇻを直接聞いて書き残すことはできなかった。なんてもったいないことをしたんだろう。せめて教わったユカㇻだけでも残していこう。幸恵のためにも、幸恵が成し遂げられなかった仕事を私が引き継ごう」

伝道協会の事業が縮小された昭和3年、マツは30年にわたる婦人伝道師の職を辞し、この年の夏、幸恵の7回忌を機に、悲壮な決意をもって上京しました。松葉づえにすがる不自由な身、しかも53歳という老境に入っていましたが、世話になった金田一のユカㇻの研究を助けるため、また、母モナシノウクのユカㇻを世に伝えるために、新たな人生を踏み出したのです。

はじめマツは、金田一宅に住み込み、金田一に筆録してもらっていました。しかし、様々な大学で言語学の授業を掛け持ちしている金田一には、なかなかユカㇻを落ち着いて聞き取る時間がなかったのです。

「ローマ字は伝道養成学校で習って以来、ずっと書いていないから、うまく書けないかもしれないけれど……。ここで黙って先生を待っていても暇なだけだし」

東京に来て10日ほど経ったある日、マツはおもむろに筆を執り、そして勤務から帰って来た金田一に14〜5枚の原稿を差し出しました。

「お留守番の退屈しのぎに、母譲りのユカㇻをちょっと書いてみました。私の字、読めますでしょうか」

そこには、マツが10代の頃に覚えたという、美しいローマ字が書かれてありました。

「では読んでみましょう。

コタンコロ　ユピ、コタンコロ　サポ、カムイ　チレス、シサック　チレス、イエ　カラカラワ。

里の神なる　兄さんと、里の神なる　姉さんが、立派な　養育、またなき　養育を、私に　して下さった」

金田一が声に出して読み上げると、マツはホッと安心しました。

「良かった。私が書いたものでも、先生がそのように読めますなら、何も先生をわずらわすことはありません。これからは私が書くことにいたしましょう」

それからのマツは、まるで何かに取りつかれたかのように、ユカㇻの筆録に没頭し、数日間でたちまちノート4冊分を真っ黒に埋めました。

「素晴らしい！　もっとノートを用意します。思いつくままどんどん書いてください。…ですが、くれぐれも無理はなさらないでください」

「いいえ、先生。私は幸恵が成し遂げられなかったことをやりたいのです。体の弱かったあの子でさえ、アイヌ民族のことを思いながらこの仕事を続けたのです。あの子にアイヌ民族の誇りを教えた私が頑張らなくて、誰が頑張るのですか」

「わかりました。私も全力で支援します」

マツは金田一宅に滞在すること2ヶ月の間に、ノート10冊分ものユカㇻを書き記し、そして北海道へ帰る日がやって来ました。

「マツさん、あなたのユカㇻはアイヌ民族の財産となって永久に残るのです。北海道に帰ってもどうか、ずっと書き続けてください」

「もちろんです。私の人生をかけて、この仕事を成し遂げます」

ユカㇻ集ノート

その言葉どおり、マツは北海道に戻ってからも、次々とユカラを記し続けました。金田一は東京でもめったに売っていない最上級の紙質のノートを買ってマツに送りましたが、それが追いつかないほどマツの筆録は速く、すぐに使い切ってしまうため、金田一はノートを求めて東京中を奔走しました。

東京から戻ると、マツは旭川での自分の役目は終わったと、17歳まで過ごした懐かしい故郷に戻ることにしました。

マツのこの仕事を身近で見ていたのが、幸恵の弟の知里真志保でした。真志保は高等小学校へ通うため、旭川のマツの家に滞在したことがあり、幸恵と同じく同級生からのイジメや差別に苦しみながらも、ユカラやアイヌ語の重要性を肌で感じ取っていたのです。

真志保は、姉と叔母の仕事を自分の生涯の研究にしようと、その後、北海道庁の奨学金と金田一の援助を受けて、アイヌ民族では初めて東京帝国大学に進学し、その後北海道大学教授に就任。アイヌ語の研究で文学博士となりました。

妹ナミとひっそり寄り添って余生を過ごすことになったマツでしたが、美しいローマ字つづりのユカラの筆録は、その後も淡々と書き上げられ、30年の間に75冊、1万5千ページにも及ぶ記録となりました。

そしてそれは、金田一京介と知里真志保が注釈をつけた『アイヌ叙事詩ユーカラ集』全9巻として出版され、大学や図書館に配布されました。これにより、アイヌ民族の文化は永久に残されることになったのです。国は、長年のマツの功績を讃えて、昭和31年無形文化財保持者に指定し、紫綬褒章を授けました。

晩年のマツは、こうした受章を謙虚に受け止め、質素で慎ましい信仰生活を送り、それから5年後の昭和36年、86歳で死去。さらに、知里真志保も遺伝の心臓病を患い、マツの死のわずか2ヶ月あとに、52歳で帰らぬ人となりました。

アイヌ叙事詩ユーカラ集
PON OINA　小伝

アイヌ民族の伝統と文化を世界に伝えることに力を注いだ金成マツ。母モナシノウクの残したユカㇻと、幸恵とマツのユカㇻ筆録、そして真志保のアイヌ語研究という一族の大きな仕事は、大正7年の夏、金田一京介が金成家の戸を叩いたその日に始まり、世界におけるアイヌ民族の立場を大きく向上させたのです。

嵯峨《さが》　久《ひさし》

1876～1960

千葉県の銚子漁港、静岡県の焼津漁港、そして北海道の釧路漁港。これらは「日本三大漁港」と呼ばれています。その中でも釧路は、サケ・マスをはじめ、毛ガニ、サバ、エビ、サンマ、カレイなど、日本の食を支える水産資源が水揚げされる、重要な漁業基地でもあります。この釧路漁港の基盤を築いたのが、嵯峨久という人物でした。

年間水揚げ高１００億円強に達する、道東、釧路漁港。日本三大漁港のひとつに数えられるこの港も、江戸時代は、場所請負人と呼ばれる和人が、アイヌ民族を雇って昆布を採るだけの、小さな漁場《ぎょば》に過ぎませんでした。それを、明治から昭和にかけて、現在の大きな漁港に発展させたのが、「釧路水産の父」と呼ばれる嵯峨久でした。

嵯峨久は明治9年、旧秋田藩士、嵯峨政太郎《まさたろう》の三男として誕生しました。7歳の時に、家族とともに根室に移住し、その後、兄が独立して国後島で駅逓を始めたことから、久少年は、根室―国後間を船で行き来し、海に親しんで育ちました。

久が小学校を卒業する明治22年、根室の教育界に画期的な出来事が起こりました。北海道最果ての小さな町に、英語学校が創立されたのです。日本郵船会社根室出張所の支配人が創設したこの学校に、小学校を卒業したばかりの久も入学。多感な少年時代に、外国語という新しい分野を学び、広い世界に目を向けることを知った久は、未知なる大きな夢を膨らませていきました。

漁師町で育った子どもにとって、魚を獲る仕事に就くのは、ごく自然の流れでしたが、久は他の子どもたちとは一味違いました。

「俺は、まだ漁業の発達していない根室に残るより、もっと都会に出て、自分の力を試したい！」

そこで当時、北海道漁業で最も繁栄を極めていた函館へ向かったのです。明治27年、18歳の時でした。

「ここが函館か。でっかい町だなあ。ここで俺がどれだけ通用するのか、いっちょ腕試しといくか」

明治初期から、漁業者たちは、サケ・マス、ニシンの漁獲のため、ロシア近辺や樺太まで北上するようになっており、当時の函館は、これら新しい漁場を求めて一儲けしようとする人々の基地として、賑わいをみせていました。

この町の海産物を扱う商店で働き始めた久は、持ち前の才覚を発揮してたちまち頭角を現し、重要な役職である、釧路地方の海産物の買い付けを担当。この時、北洋漁業について学ぶ機会に恵まれ、やがてこのように考えるようになりました。

「これからの北洋漁業は、新しい企業として近代化していかなければならない。俺がその先頭に立って、事業を興すことはできないだろうか。どうせなら、釧路や根室でそれをやりたい。町の人たちがもっと豊かに暮らせるようにしてやりたい！」

久は、自分の育った釧路・根室地方の将来性を詳しく検討し、力を蓄えながら、その時が来るのを静かに待ち続けました。

やがて函館に来て6年目の明治33年夏、ヤマサ商店の板谷《いたや》支配人から、こんな話を持ちかけられます。

「嵯峨君、折り入って頼みたいことがある。わしの会社で沿海州にサケの出漁を計画しているのだが、司令官になってはくれんか？」

「沿海州？　僕が行くんですか？」

「そうだ、この計画は、日本人がロシア領域で魚を獲って、その獲れた魚をロシア側に金を払って申請するんだ。そして、許可が下りたところで、日本に帰って魚を売るというわけだ」

「なるほど、そうすると、ロシアは自分たちで漁船を出す手間が省けるうえに人件費もかからず、日本人が代わりに獲ってくれた魚の代金で金儲けができるというわけですか」

「そうだ。日本とロシア、双方に大きな利益となる。大金が動く仕事だ。実力者の君に、ぜひ現場の司令塔を担ってほしいんだ」


樺太、沿海州、アムール川を中心とする北洋の海は、ロシアの領海ではあったものの、ロシアは日本の操業を認めており、無尽蔵に獲れるサケ・マスを日本側に漁獲させて、利益を得ていました。

こうしたことから、当時、漁業関係者の間で北洋の海を知らない者は、一人前ではないとまで言われました。北洋は若者たちの憧れであり、冒険を求める場所でもあったのです。

「ぜひやらせてください！　絶対にご期待に沿ってみせます！」

24歳の久は二つ返事で引き受け、15人の乗組員たちとともに函館港を出港しました。

出漁後、船はたちまちサケ・マスで一杯になり、久のこの働き振りを評価した板谷は、2度目、3度目の出漁も久に依頼。こうして何度もロシアと交渉を行った久は、ロシアの情勢や国民性なども細かく観察し、北洋漁業に将来の見通しを立てていきました。

しかし、それから間もなく、日露戦争の開戦が間近となると、ロシアは、樺太の南部を除いて日本人の漁業を一切禁じました。これを機に、北洋漁業の中心は、カムチャッカ・北千島へと移り変わり、日本の漁業も転換期を迎えたのです。

「ようやく独立の時が来た。ロシアで学んだ知識を今こそ活かす時期だ」

久は、かねてから望みを託していた釧路を事業の基盤にしようと、明治40年、釧路へ移住。31歳の新たな挑戦でした。


久がやって来た頃の釧路は、人口1万6千人の小さな漁師町に過ぎないとはいえ、それより8年前の明治32年には、港も開港。東北海道の中心地として活気づいていました。

移住後、久は西幣舞に漁網海産商店を開き、本格的な漁業経営に備えました。この年明治40年は、かつてないニシンの大漁で、港には大漁旗を建てたニシン漁の船が多く行き交い、空き地という空き地は、ニシン粕の干場にされ、子供から老人まで、町をあげてニシンの加工に追われていました。

釧路市街　明治43年

「これはいい時期に来た。漁師たちもさぞやる気になっていることだろう」

ところが、釧路漁業界の実態がわかって来ると、久はその消極さに愕然とします。漁師たちは、春はニシン、夏は昆布、秋はサケ、そして冬は沿岸に接近する魚をわずかに獲るだけで、それ以上の利益など考えもしなかったのです。

その理由は、場所請負制時代の古い勢力が幅を利かせていることにありました。釧路の漁場経営は、かつての場所請負人の一族が仕切っており、優良なニシン漁場やサケ・昆布などの漁場は、彼らの手中におさめられていたのです。


一方、この場所請負人一族に対抗する漁師たちもおり、それまでの建網《たてあみ》漁法ではなく、旋網《せんもう》という新しい漁法を取り入れていました。沿岸に寄ってくるニシンを待って取り込む、消極的な建網漁法か。はたまた、遠くまで出漁し、ニシンを追いかけて獲る、積極的な旋網漁法か。釧路のまちでは、2つの漁法を巡って新旧真っ二つに分かれ、連日議論を戦わせている状態だったのです。

「なんたることだ。沖合には、マグロやサメがたくさん泳いでいる。沿岸漁業だって、漁場さえ開発すれば、スケソウやカレイがたくさん獲れるというのに、この町の漁師たちは古い殻の中に閉じこもってばかりだ。なんとか新しい風を吹かせて、漁師たちが自由に伸びていけるようにしてやりたい」

漁業は、個人個人が行うものではない。これからの時代、町全体が団結していかなければ、近代的な産業に伸びてはいけない。

この新しい時代の流れにあって、久が最初に注目したのは、マグロ漁業でした。当時のマグロ漁業は、三陸沖から釧路、さらに南千島の沖合に渡るもので、このマグロを目指して、遠く本州方面の漁師たちが、釧路へ進出してきていました。

釧路の漁業者もようやくマグロに関心を持ち始めていましたが、無動力船では良い成績を上げることができないばかりか、シケのため遭難することがあり、たやすく沖合の漁業に進出することができませんでした。

「沖合漁業に打って出たい。でもそのためには、より安全性を高めるために、エンジン搭載の動力船を導入しなければ駄目だ」

久がこのように考えていた大正2年、釧路に大惨事が起こりました。それまで穏やかだった釧路の沖合に、突然暴風雨が吹き荒れ、帰港しようとしていた無動力型のマグロ漁船18隻が転覆。漁師60人以上が亡くなったのです。

このような状況を目の当たりにしながらも、人々は手を施す術もなく、深い悲しみに沈むばかりでした。誰の目にも、マグロ漁業は、もはや再起不能かと思われました。

「今こそ立ち上がろう！　このような災害を二度と起こさないためにも、俺が先陣を切って、この町の古いしきたりをぶっ壊してやる！」

嵯峨久、37歳。ここから彼の漁業改革は始まっていくのです。

漁船の転覆事故から翌年の大正3年、発動機船「きく丸」が、大漁旗をはためかせ、釧路港にその雄姿を現しました。軽く流れるエンジン音は、釧路漁業界の新時代の到来を告げていました。

「嵯峨さん、どうしたんだい、この船は。こんな資金、よく調達できたなぁ」

「なあに、無理言って銀行から借りたのさ。見てろよ、この動力船が今後、釧路漁業の主流になっていく。漁師の爺さん連中も、今にこの利便性がわかってくるはずだ」

古い慣習にとらわれる町で、この試みはまさに画期的な出来事でした。しかし、その滑り出しは順調ではありませんでした。思わぬところで地元住民たちの猛反対に遭ったのです。

「こんな船で獲ったマグロなんぞ、石油臭くて食えたもんじゃない」

「そうだそうだ、いくら獲ってきても食うもんか！」

そこで久は、大勢の前でマグロを切り開いて言いました。

「臭いか臭くないか、今ここで確かめてください。ほら、匂いなんてしませんよ」

「ん？　ほ、ほんとだ。なんも変わらねえ。……悪かったな、知りもしねえで騒ぎ立ててよ」

久はこうして人々を説得しながら、発動機船でのマグロ漁業を推し進め、一方で、漁師たちへの普及も熱心に行いました。はじめは大金をはたいて船を買うことを渋っていた漁師たちも、それ以上の利益が出ることに徐々に納得し始めると、発動機船は急速に増加。5年も経たないうちに100隻を超えるようになりました。

さらに久は、釧路の漁船を全て動力化していくために、「釧路発動機漁船組合」を結成し、組合長に就任します。この組合を通じて、これまで個人経営と考えられていた漁師たちの立場を、「漁業界」という大きなひとくくりに編成する基礎をつくったのです。

ちょうどこの頃、建設が急がれていた釧路―旭川間の鉄道が全通すると、札幌や函館方面への連絡が完成され、釧路の魚は鮮魚として道内各地の都市へ輸送できるようになりました。これに伴い、町には、西幣舞に「釧路魚菜市場」と、入舟町に「共立魚菜市場」ができましたが、これらの市場は、商人である魚の仲買人が中心となって経営され、漁師たちに口を挟む隙などありませんでした。

發動機手繰漁業の
新漁場探撿計畫
釧路發動機船組合の新事業
釧路根室沖合探檢

發展

發見

釧路新聞　大正15年3月8日（第6888号）

「これじゃ駄目だ。自分たちの獲った魚が適正な価格で売られているかどうか、わかったもんじゃない」

「でも嵯峨さんよ、わしら漁師は、魚を獲ることしか能がねえ。市場の経営なんて、商人に任せておけばいいべ」

「ちっとも良くない。うちの町のように商人の力が強いと、利益はほとんど商人の手に入ってしまうんだ」

　実際、マグロが大漁であった年、久は市場の値段があまりに安すぎるため、市場に出すことをやめ、直接販売しようと、市場のすぐ脇の海辺にマグロを並べて仲売人と渡り合ったことがありました。しかし、経営母体がしっかりしていないため、長続きすることはできなかったのです。

北橋詰の魚菜市場　昭和７年

「利益は生産者である俺たちに渡るべきだ。何も俺たちが金持ちになるために利益が必要なんじゃない。俺たち漁業者が組合として利益を蓄積しないことには、漁業界の明日はないんだ」

　これを解決するには、漁業者だけで魚市場を経営するしか方法はない。久は漁業者のための漁業者による魚市場をつくるため、再び立ち上がることにしたのです。

　大正14年、嵯峨久率いる「釧路発動機漁船組合」は、商人たちが支配する市場を多額の金で買収し、ここに、生産者市場の「三《み》ツ鱗《うろこ》共同魚菜市場」を設立しました。この市場は、現在の釧路魚市場の前身にあたります。

こうして市場の基礎固めをした釧路には、全国からマグロ漁船が集まり、「マグロの町」とまで言われるようになりました。

久のこうした一連の努力によって、釧路漁業界は、魚の獲り方から、販売の方法まで、次第に近代的な形に整備されていったのです。

「釧路がここまで発展したのは、嵯峨さんのおかげだ」

「嵯峨さんが動かなかったら、俺たちいつまでもしがない収入で危険と隣り合わせの漁をしていただけだべ」

漁業関係者たちは久の功績を讃えるため、昭和5年、銅像を建立することを決定。この時、久は55歳になっていました。

「生きている間に、私のためにこうした褒美をいただくのは大変恐縮なことです。今後、いっそう釧路漁業界のために力を尽くしていく所存です」

双眼鏡を手にした銅像は、釧路港と漁船が停泊する幣舞橋界隈を見下ろす高台に建てられ、銅像除幕式当日、釧路沖には多くの漁船が集まり、釧路内外の漁業関係者たちが久を祝うために参列しました。

釧路港のマグロ

久が普及させた発動機船による釧路の漁業は、このように次第に安定したものの、まだひとつ、大きな問題点が残っていました。それは、漁業を支える釧路漁港の施設整備。特に冬期間は港が凍ってしまうため、漁師たちは室蘭港を使用しなければならないという不便な状態が続いていたのです。また、当時は全国から釧路港に漁船が集まってきても寄港した乗組員たちが休養できる施設もなく、乗組員たちの利便性が図られていませんでした。さらに、魚を冷凍や缶詰にするための工場もなく、うっかりすると、青森県八戸市の港に、釧路の繁栄が持っていかれるのではないかと、久は常々危惧していたのです。

「いくら網の改良や船の近代化を図っても、それを支える基地が不完全ではどうにもならない。次の事業は、漁港の建設だ。それも、近代的な施設を兼ね備えた、東北海道一の漁港にするんだ！」

そこで、全国の漁業基地を詳しく調査し、構想を練った結果、釧路港西防波堤沿いの一帯に埋立地をつくりあげ、そこを漁港として、様々な施設を建設することに決めました。

埋め立ての許可や、漁港建設の資金を集めるため、久は方々に走り回りました。彼がこの事業に使った資金は、ほとんどがこれまで貯めてきた私財で、現在の金額に置き変えると、数十億円を上回るほどの大金でした。

「嵯峨さん、漁港造成事業は、国の公共事業で行うもんじゃないかい。あんた一人に負担がかかっても……」

「もちろん国には言ったさ。でも、財政事情から後回しにされたんだ。今、港を整備しないと、釧路の発展は危うい。俺は一文無しになってもいい。これに全てをかけているんだ」

久が人生を捧げて築いた、釧路で最初の漁業専用港は、昭和13年に埋立地が完成。続いて、魚市場、漁業用無線局、日本水産の冷凍・冷蔵工場、造船場などが造られ、嵯峨漁港と命名されました。

昭和15年、64歳を迎えた久は、老後の仕事として、ニジマスの養殖を思い立ちました。若い頃、ロシアの漁場調査で、ロシアの人々が漁場の資源保護にすこぶる熱心であったことに、深く心を打たれた経験から、魚はただ獲るだけでなく、人工的にふ化して育ててあげることが大切だと思い続けていたのです。

温泉に近く、四季を通じて適度な温度を保つ小川が流れている、弟子屈町の下鐺別《しもとうべつ》に養殖場を作り、自らも移住して、ニジマスの養殖に専念しました。

その後、日本は第二次世界大戦に突入。漁船はほとんどが戦争に使われて沈没し、彼が私財を投じて手掛けた漁港施設も、空襲で全てが破壊されるなど、大打撃を受けました。しかし、久が築き上げた漁港の基盤は崩れることなく、戦後、釧路の漁業は、次世代の人々によって受け継がれ、大漁業基地として復興することができたのです。

そして高度成長期の昭和35年、東京の築地で療養生活を送っていた久は、病室の窓から、築地の中央市場の屋根や、入港してくる漁船の大漁旗を懐かしそうに眺めながら、84歳の生涯を静かに終えました。

嵯峨久が全精力を傾け、整備した釧路の港は、昭和26年には国の重要港湾に指定され、名実ともに東北海道の拠点港となりました。そして現在は、日本を代表する大漁港として、その役割を担っています。

武田信広

松前藩物語
～松前慶広《よしひろ》と松前崇広《たかひろ》～

北海道が蝦夷地と呼ばれていた明治以前、この地には、蝦夷地唯一の藩、松前藩が存在していました。松前藩を築いた初代藩主・松前慶広と、松前城を築いた第12代藩主・松前崇広、歴代藩主の中でも名君と誉れ高い２人の藩主を中心に、松前藩の成り立ちから滅亡までを辿ります。

松前藩の歴史は、古くは今から５５０年ほど前まで遡ります。

松前氏の開祖にあたる武田信広は、京の都にほど近い若狭の守護大名、武田家の出身とされています。この家系からはのちに戦国武将の武田信玄を輩出しています。１４５１年、信広は全国を放浪の末、21歳で蝦夷地に渡り、上ノ国に住む豪族、蠣崎季《すえ》繁《しげ》のもとに身を寄せました。当時、渡島半島には、本州から来た武士たちが、ところどころに「館《たて》」と呼ばれる居城を構えて住み着いており、上ノ国の館もそのひとつでした。

それから6年後、「コシャマインの戦い」が勃発。事件の発端は、小刀の出来の良し悪しをめぐって、和人がアイヌ民族を刺殺したことにありました。この時、戦に長けていた信広は、和人軍の総大将として、この戦いを勝利に導きました。これにより、彼の蝦夷地における地位は決定的となり、信広は蠣崎家の養子に迎えられたのです。

その後、上ノ国地方は、代々信広の子孫によって治められるようになります。

そして、時は流れて1582年。信広から5代目にあたる蠣崎慶広が34歳で当主に就任。彼は体が大きく腕力にも戦略にも優れており、戦国武将としての素質を備えていました。慶広は、付近の館主《たてぬし》を次々と臣下におさめて勢力を広げていきます。

慶広の野心はそれだけにとどまらず、時の天下人・豊臣秀吉を味方につけようと、京にのぼって、謁見を試みました。これまで遠く離れた蝦夷地の事情を知ることができずにいた秀吉は、大いに喜んで慶広をもてなし、「民部大輔《みんぶ》」という官位を与えました。こうして慶広は、蝦夷地での勢力をさらに伸ばすことに成功します。

それから3年後、秀吉が朝鮮征伐に乗り出した際には、兵を率いて、九州・肥前の国に陣営を張る秀吉のもとへ出向きました。この時秀吉は、「朝鮮に兵を進める時、はるばる蝦夷地より来たとはまことに神妙の至り」と喜び、慶広に「蝦夷島主《えぞしまぬし》に任ずる」という朱印の書状を与えます。それには次のような内容が書かれていました。

「諸方から蝦夷地に入る船頭や商人は、アイヌ民族に対して不合理なことをしてはならない。入港する船からの税金は取り立ててよろしい。もしこれに背くものがあれば、太閤自ら罰する」

天下人・秀吉の任命によって、ついに慶広は、名実ともに蝦夷島主となったのです。

その帰路、慶広は五大老の筆頭である徳川家康に挨拶にのぼりました。「年老いた秀吉の世はいつまでも続くまい、次の天下人になるのは、五大老の中で最も石高を持つ家康だろう。今から取り入っておいても損はない」。そう考えていたのです。

慶広はこの謁見の際、山丹服という、珍しい衣服を着ていました。すると、家康がこれを欲したため、慶広はその場で服を脱ぎ、家康に差し出しました。これが縁となって、慶広は家康とも親しく交際をするようになります。

やがて秀吉の死後、慶広は、時代が徳川家に傾くことを敏感に察知し、1599年、家康に忠誠を誓って、姓を「蠣崎」から「松前」へと変えました。「松」は家康の旧姓「松平」から、「前」は家康の腹心で五大老のひとり、前田利家から取ったともいわれています。こうして17世紀初頭、松前家が誕生します。

その後、家康が関ヶ原の戦いに勝利し、徳川幕府政権が樹立されると、全国的に幕藩体制が開始。松前家には外様大名と同格の1万石の「藩」が与えられ、道南の和人居住地全域が、「松前藩」となりました。

この時慶広は、家康への忠誠を示すために、戦国大名としては最も大切なものを献上します。それは蝦夷地の地図でした。領国の地形を示す地図は、戦乱の世にあっては最高の機密文書で、戦いが起きた際は圧倒的不利となります。それを差し出すことによって、慶広は「松前家は徳川家と戦う意思はない」ということを証明したのです。

この忠誠心に感心した家康は、松前家に蝦夷地でのアイヌ民族との交易権の独占を許し、松前藩の経済の安定を図らせました。

松前慶広

この頃、長年緊張状態にあった戦乱の世が終わったことに安堵した京都の公卿たちの中から、度を過ぎて歓楽にふける者たちが現れました。幕府はこれを厳重に処罰し、9人の公卿に流罪を課しました。そのうちの一人、22歳の花山院《かざんいん》少将忠長は蝦夷地に流刑となりますが、公卿が来るのは蝦夷地始まって以来のことであり、慶広は厚い待遇でもてなしました。

忠長を福山の万福寺に落ち着かせると、たびたび館に招いては茶会を開いたり、歌の会を催して忠長を慰めました。5年後、忠長は罪を減じられ津軽へ去り、後に赦されて京に戻りますが、蝦夷地滞在中の慶広の心遣いに深く感謝し、末長い交流を望みました。これが縁となって、以後、代々の松前藩主一門の者は公卿の女性を妻に迎えるようになり、松前藩は、北の片田舎にあるにもかかわらず、華やかな京都文化が流れ込むようになったのです。


こうして数々の政治力を高く評価された慶広でしたが、一方で、藩の繁栄を築くためには、手をけがすことも辞しませんでした。徳川が豊臣を滅ぼした「大坂夏の陣」では、四男が豊臣に内通したとの疑いから、躊躇せず死罪を言い渡しました。

自分の息子を犠牲にしてまで幕府に忠誠を誓い、家康が亡くなった時には頭をまるめて冥福を祈りましたが、その後、家康の天下泰平の世を見届けたかのように69歳で他界。

慶広は松前藩の基礎を築き上げた名君として、末長くその名を残すことになりました。

慶広の死後、跡を継いで2代目藩主となったのは孫の公広《きんひろ》でした。彼は20歳の若さながら、藩の財政を確立させるために金山奉行を設けて砂金の採取にあたらせたり、また、家臣たちに商場《あきないば》を割り当て、そこにアイヌ民族との交易船の権利を認めて、家臣たちの支配地とさせました。
当時、藩の経済力は、米の生産高、いわゆる石高で示しましたが、寒冷地の蝦夷地では米がとれなかったため、松前藩は全国で最も弱小の藩と位置付けられました。この制度がやがて、アイヌ民族との交易権を商人に与えて、商人から金銭を得るという、場所請負制をつくり上げます。場所を請け負った商人は現地のアイヌ民族を働かせて漁業に従事させ、アイヌ民族が鮭やニシンを獲ることを厳しく取り締まりました。こうして、藩の誕生と同時に、アイヌ民族への搾取も本格的に始まっていくのです。

2代目にして藩の財政を確立させた公広でしたが、しかしその後は3代に渡って藩主が幼い年齢で相続したため、側近の者たちによる悪政がはびこり、一門同士の権力争いなど不祥事が相次ぎました。

第5代藩主矩広《のりひろ》の時代には、アイヌ民族への長年の強制的な搾取から、大規模な蜂起事件「シャクシャインの戦い」が勃発。11歳の幼い藩主に代わって親族が藩の軍隊を率い、武力を使ってアイヌ民族を制圧します。しかし、その後も和人によるアイヌ民族への不利な交易や強制労働は続き、それは江戸幕府から、松前藩の指導力を疑われることに発展していきました。

その後、城下町の松前は、ニシンの豊漁も手伝って、おおいに繁栄します。その頃第8代藩主として就任したのが、道広でした。彼は文武に優れながら、放蕩で浪費家としても知られ、一橋家、伊達家、島津家など、反幕派の藩主たちと交友し、また、吉原の遊女を側妻に迎えるなどしました。そのため、商人からの借金がかさんで、藩の財政は窮乏。何度も幕府から藩主としての素質について、注意を受けたのです。

そんな時、ロシア人がアイヌ民族と接触するという重大事件が起こります。これを絶好の機会と思った道広は、幕府に隠して密かにロシアと手を結び、松前藩を強固なものにしようと画策しました。しかしすでに、偵察を送っていた幕府は、これをすぐに察知。ついに松前藩は幕府から蝦夷地支配権を取り上げられ、現在の福島県伊達市の梁川へ国替えさせられたのです。同時に道広は謹慎を命じられ、この苦難の局面を、道広の長男の章広《あきひろ》が背負うことになりました。

藩ごと梁川へ移転後、9代目藩主となった章広は、家臣を半分に減らして財政を削減し、再び松前へ戻るための復領運動を展開させました。幸い松前城下町では、松前藩の帰藩を望む声が強く、国替えから14年後の1821年、ついに藩主や家老たちは、松前に復帰することが許されます。

しかし、時代は新たな世に向かって静かに動き始めていました。中央で、打倒徳川幕府の動きが活発になるなか、松前藩もまた、さらなる過酷な運命に翻弄されることになるのです。

1849年、21歳の松前崇広が、第12代松前藩主に就任します。9代目藩主・章広の六男だった崇広は、本来ならば家督相続順位はずっと後ろの方でした。

しかし、10代目藩主が若くして亡くなり、相続順位の上の者たちも相次いで他界したうえ、11代目藩主の長男・徳広《のりひろ》に至ってはまだ6歳という幼さ。しかも、当時は年々ロシアの南下が激しくなり、現地に住む和人とのトラブルが頻繁に起こっており、6歳の徳広では、到底多難な藩の経営にあたることができません。そんな時、相続順位に関わらず、最も藩主に相応しい見識と人格を備えた崇広に白羽の矢が立てられたのでした。

松前崇広

彼は、幼少期から武術を得意とし、また、江戸から学者を招聘して、蘭学、英語、兵学を積極的に学び、さらには西洋事情に強い関心も抱き、藩内一の西洋通でもありました。

少年時代には、時折素性を隠して城下町や近隣の村まで出かけ、腹がすいたと言っては人の家に上がり込んで食事を提供してもらったりもしました。そのため、庶民の生活事情には実によく精通しており、歴代藩主とは違った型破りで広く愛される性格でした。

松前藩主就任の挨拶のために、江戸にのぼった彼は、徳川家慶将軍に謁見し、その際、重要な任務を任されました。それは北方警備強化のために、新たな城を築けという命令。当時、幕府は各藩に築城の禁止を命じていたため、これは極めて異例のことでした。

崇広は驚きました。松前藩は代々蝦夷地を支配してきたものの、米が獲れないために正式な藩としては認められておらず、城を持つことも許されませんでした。そのため、歴代藩主たちはあくまで「館持ち大名」でしかなかったのです。崇広は「城持ち大名」昇格の喜びと、蝦夷地警備の決意を新たに、松前藩始まって以来の大事業にあたることになりました。

しかし、この時松前藩の財政は非常に切迫していました。蝦夷地警備のために各所に勤番所を設け、砲台を築き、警備の藩士を増員したことから、家臣も倍近くに増えており、新しい城をつくる余裕などなかったのです。

そこで崇広は、財政立て直しの基礎を、人づくりから始めました。苦しい財政の中から、身分にかかわらず優秀な若い武士を15人選び、江戸や長崎に派遣して、洋学・兵学・化学を学ばせました。これらの人々によって、松前には電信機器や測量機、寒暖計などが設けられ、写真撮影や金属メッキの方法も導入されました。また、率先して節約にも務め、家臣には俸禄の1割を藩に献上させ、町民もそれぞれできる範囲で献金し、税金の一部を値上げするなどします。こうした努力の末、ようやく莫大な築城資金を捻出したのです。

いよいよ築城の準備が整いました。設計は、兵学者として名高い高崎藩の市川一学《いちがく》に依頼。一学は新しい城は松前ではなく、内陸にした方が良いと言いましたが、松前家の歴史を重んじる家臣たちがこれに反対し、結局、場所は海沿いの松前に決まりました。工事では、藩士も町人も一体となって土石や木材の運搬に当たり、5年の歳月を費やして、1854年、松前城は完成しました。それは、海からの攻撃に備えた三層の天守閣を中心として、城中に7基の砲台、外郭の城外には9基の砲台を設置した近代装備を誇る堂々たるものでした。これが我が国の歴史上、最後に建てられた日本式城郭となったのです。

市川一学

ところが、城が完成した年、日本中を揺るがす事件が起きました。アメリカ艦隊ペリーの来航です。日米和親条約を求めてやって来たペリーとの話し合いの末、日本は箱館と下関を開港することを決めます。蝦夷地は国防上、日本で最も重要な地となり、幕府は再び松前藩から蝦夷地を取り上げて、箱館奉行を設置。一方の松前藩には、代替え地として再び福島県の梁川の地を与えました。長年蝦夷地に馴染んできた家臣たちは、梁川への移住を反対し、騒ぎ立てましたが、崇広は、「10

年待てば、必ず国情が変わる。それまで軽率な行動は慎むように」と、家臣たちを戒めました。

流動する時勢に目を向けて冷静に対処する崇広を高く評価した幕府は、10年後、彼を幕府の老中格として「海陸軍総奉行」という破格の役職に抜擢します。本来、位の高い譜代大名でなければ就任することができない地位に、外様大名の、しかも米の獲れない無石高の藩主が就任するということは、異例中の異例でした。

35歳の崇広は、幕府の期待に見事に応え、さらに陸海軍総裁という国内トップの地位に任命されます。家臣や松前の町民たちは、殿の昇進を大変喜び、藩始まって以来の栄誉だと沸き立ちました。しかし、崇広の活躍はここで終止符を打つことになります。

1865年、将軍徳川家茂に従って大坂に入った崇広は、アメリカ、フランス、イギリス、オランダの4ヶ国による兵庫

松前城

（神戸）港開港要求の解決の任務にあたりました。この時幕府は、崇広と老中の阿部正外に、戦争にならないよううまく断ることを命じますが、崇広と正外自身は、連合国の要求を受け入れなければ、近い将来、必ず日本にとって不利になると考え、独断で開港の取り決めを行おうとしたのです。

ところが、寸前でこの動きを知った朝廷が、幕府を通さず2人の官位をはく奪し、崇広に松前での謹慎を命じます。帰国前、崇広は家茂に次のような書状を送りました。

「連合国は万里の海を越えて使節団を送ってきたものである。日本にこれを打ち払う力がない以上、国内を戦火から救うためにも、開港より道はない。将軍もいたずらに朝廷の命令のみ拝することなく、職を賭けても初心を貫くことが肝心である」

一介の小さな国の藩主が、将軍に大胆な意見を申し上げたということは、周囲を驚かすと同時に、改めて彼の非凡さを世に知らしめることとなりました。

甥の徳広に藩主の座を譲った崇広は、謹慎中、政治問題を一切口にすることなく、当時としては珍しいカナリヤを飼ったり、家臣に英語を教えたり、自ら写真撮影を趣味として穏やかに過ごしていましたが、謹慎4ヶ月目の1866年4月、病により38歳の若さで寂しくこの世を去りました。

彼の見識は明治維新後、再び認められ、明治7年、新政府は崇広の官位を戻して汚名をそそぎました。こうして彼は、歴代松前藩主の中で最も傑出した先覚者として高く評価されることとなったのです。

甥の徳広が偉大な前藩主の跡を継いで第13代藩主となったのは23歳の時。その翌々年、戊辰戦争が勃発し、260年間続いた徳川幕府が倒されると、海軍副総裁の榎本武揚が3千人の幕臣を率いて蝦夷地へ逃亡してきました。彼らは蝦夷地に新たな国をつくるため、松前藩に戦いを挑み、城に攻め込んできますが、年若い藩主が時代の流れに逆らう術はありませんでした。

土方歳三ら旧幕府軍の軍勢によって城はいとも簡単に落城。前藩主・崇広が心血を注いで築いた松前城は、わずか14年で地上から姿を消したのです。

武田信広から400年間守ってきた松前藩主たちの魂の証である城が焼け落ちたことは、徳広にとって大きな痛手となり、ひと月後、徳広は無念の中で亡くなりました。死因は自殺とも、心労の末の病死とも言われています。

明治新政府が樹立された、その翌年の明治2年、新政府は、徳広の長男・修広《ながひろ》を世継ぎとして認めました。ただし、松前藩の名称は解消され、代わりに「館藩」という新たな名が与えられます。2年後、廃藩置県により館藩は館県となり、その範囲は渡島半島全域でしたが、それから間もなく、館県は青森県に合併され、その名を失います。松前藩初代藩主・慶広によって誕生した松前藩は、第14代藩主・修広で終わりを迎え、完全に消滅したのです。

松前藩の歴史、それは道南地方の繁栄、そして、アイヌ民族への搾取の歴史でもありました。しかし、まぎれもなくこれらの足跡は、現在の北海道が誕生する礎となったのです。

ルイス・ベーマー

1843～1896

現在、私たちが食している国産リンゴは、一人の外国人技師の手によってもたらされ、そして普及しました。その外国人とは、開拓使の園芸技師、ルイス・ベーマー。お雇い外国人の一人として来日した彼は、余市町をはじめ道内各地でリンゴ栽培を成功させ、日本の農業と庭園に関する考え方を180度転換させました。

先人たちが丹精込めて作り、磨き上げた日本のリンゴ産業。その美味しさと品質の高さは、現在、世界中から注目を集めています。

リンゴは明治の初めに欧米から輸入され、文明開化とともに普及しました。とりわけ北海道では、この新しい農作物が、開拓の前途に不安を抱く入植者たちの未来を大きく切り拓きました。従来とは全く違う「果樹栽培」という新たな農業。「赤い宝石」と呼ばれたリンゴは、苦闘する開拓の現場を元気づけながら広がりを見せ、やがて「北海道リンゴ」として全国にその名を馳せることになったのです。

このリンゴを日本に広めたのが、ドイツ系アメリカ人のルイス・ベーマー。彼は10年の長きにわたり開拓使で奉職し、北海道に果樹栽培をもたらした第一人者でした。

ルイス・ベーマーは1843年、ドイツ北部で生まれました。ヨーロッパ屈指の美しい宮廷庭園を誇るドイツでは、古くから国を挙げて、王室や貴族の庭園づくり、また、大聖堂まわりの花壇の造成に力を入れていました。その芸術作品を生み出す「庭師」は、子供たちの憧れの職業。ベーマーもまた幼少期から庭師を志し、成人後は宮廷庭師のもとで修行に明け暮れました。

最終目標は何といっても、庭師の最高峰である王室庭園への奉仕。しかし23歳の時、オーストリアとの戦争が勃発。草花や果樹を愛し、争いを嫌うベーマーは、戦火を避けてアメリカ大陸に渡ります。ニュージャージーを振り出しに、上級園芸家として各地の庭園造成に力を注ぎ、その繊細な美しさはアメリカ人を驚かせました。「ヨーロッパ庭園のエッセンスを体現できるドイツの若者が現れた」。ベーマーはアメリカの園芸業界で最高の評価を得、そのまま定住を決意。やがてアメリカ屈指の園芸家に上り詰めていきました。

そんな彼に大きな転機が訪れたのは5年後。知人の園芸商から日本で働くことを勧められたのです。

「ホーレス・ケプロンっていう農務局のお偉いさんがいるんだが、このたび日本の要職に就いたらしい。それで、優秀な園芸家を探しているから、君を推薦したんだ」

「日本……。聞いたことがあるな。あの東洋の小さな島国のことかい？」

「つい最近まで鎖国していたというから、外国の食べ物も文化も知らないだろう。君は果樹園芸や植物の指導者としてうってつけの人材だ」

「それは腕が鳴るな。白紙の状態ならなおさら指導のしがいがある」

ベーマーは、ケプロンの依頼を承諾。こうして明治5年、29歳にして、東洋の未知の島国を訪問することになったのです。

「ここが噂に聞いた侍の国か。皆礼儀正しくて、良い人ばかりだ。この国の人たちが暮らしやすくなるよう、私も頑張ろう」

ケプロンとお雇い外国人たち

明治維新後、新政府は多くの外国人を雇用して日本の近代化を図りました。これが通称「お雇い外国人」と呼ばれる人々。特に開拓使ではアメリカを中心とした7ヵ国78人の外国人を採用し、その給料は政府首脳に匹敵する高額なものでした。

これらのお雇い外国人からは、開拓顧問のケプロン、札幌農学校教頭のクラーク、「酪農の父」エドウィン・ダン、鉄道を敷設したクロフォードなど、北海道の基盤を築いた多くの偉人が輩出されています。

そのお雇い外国人の一人として大きな期待を背負って来日したベーマーは、到着後ただちに、アメリカから船で届いていたリンゴやブドウ、モモ、ナシといった果樹の苗4900本を東京の開拓使第一官園に移植。農園の主任技師として指導にあたり始めます。

「ベーマー先生、これは何という木ですか」

「リンゴというんだよ。今はきれいな白い花がついているだろう。これが3年も経つと真っ赤な果実が実るんだ」

「へえ、どんな食べ物なんですか」

「これはフルーツ、果物なんだ。日本にもカキやクリの木があるだろう。フルーツは米のような主食ではないが、人の心や食生活を豊かにするんだよ。今に日本もきっとみんなが好んで食べるようになる」

この時、ベーマーが指導した生徒たちは、「農業現術生徒」という制度に応募した20人あまりの若者たち。北海道大学の前身である札幌農学校がまだ開校していない当時、政府は北海道への移住者や希望者を全国から募集し、西洋式農業を東京で学ばせていました。

「先生はアメリカからたくさんの種類のフルーツの苗を持って来たんですよね。それを全部北海道で栽培させるんですか」

「まずはリンゴだね。リンゴは寒さに強いから北海道にはうってつけなんだ。アメリカには千種類以上の品種があるんだが、そのうち特に優秀なものを選んで持ってきたんだよ。この農園でもそのうちいろんな味のリンゴがなるぞ」

「へえ、楽しみだなあ。実がなるまで3年か」

この時、ベーマーから指導を受けた生徒の中には、戊辰戦争で賊軍となった旧会津藩の藩士で、北海道・余市に移住していた中田常太郎の姿がありました。彼がベーマーからリンゴ栽培を学んだことは、その後のリンゴ王国・余市の土台を築く原動力となるのです。

この開拓使東京官園は、アメリカから輸入した家畜や草木を試験的に育て、成果が出たものを北海道で普及させるという、いわゆる中継基地的な役割を担っていました。

ベーマーの仕事は、アメリカから輸入した果樹の苗木を増やし、その中から北海道の気候にあった品種を選ぶこと。また、増殖させるにあたって、接ぎ木の方法も、従来にはない西洋式を導入しました。

「外人さんよお、日本には伝統的な接ぎ木の方法があるんだ。俺たちはそれを職人技として誇りをもってやっているんだがな」

「日本の技術ももちろん立派なものです。ただ、今回は短期間で効率的に増やさなければならないので、西洋式の方がより簡単で確実にできるんです」

ベーマーの技術の高さは、江戸っ子気質の職人たちを驚かせました。そして、わずか2年で、最初に輸入した1400本のリンゴの苗木を、数万本に増殖させることに成功したのです。

「非常に優秀な成果を出しているそうだな、ベーマー君。そろそろ北海道に行く準備を進めてもらいたい。さしあたっては、まず北海道の実地調査を行い、移植する果樹を選んでほしい」

「わかりました、ケプロン閣下」

来日から2年後の明治7年春、ベーマーはケプロンから北海道出張を命じられます。函館に上陸後、全道を精力的に回り、各地で植物調査や標本採集を行いました。その道中、平取のアイヌ集落で、ある植物を発見しました。

「おや、これは……ホップじゃないか。ずいぶんと自生しているなあ。これなら技術さえあれば、北海道でビール醸造所をつくることも夢じゃない」

ビールの原料となるホップは、これより3年前にもアンチセルが岩内で発見しており、ベーマーの報告と合わせ、開拓使は北海道にビール醸造所の設置を決定。これが現在のサッポロビールの前身となります。ホップの発見に端を発したビール醸造所建設は、こうして北海道に新たな産業を根付かせることとなるのです。

帰京後、ベーマーがケプロンに提出した、3ヵ月半にわたる北海道調査の報告書には、押し花の標本500種類が添えられていました。ケプロンはこれらをハーバード大学に送り、詳しい調査を依頼。標本は日米で大きな反響を呼びました。

さらにその後、日本に戻されたこの標本は、東京大学植物標本室の基本資料になりました。ベーマーの植物調査は、単なる園芸家の枠を超え、日本の植物学界にも大きな功績を残す結果となったのです。

「北海道はやはりリンゴ栽培に適している。特に秋の気候は最高だ。このリンゴが、北海道に入植した人たちの生活を変えることになるだろう」

明治8年、ベーマーは東京からリンゴの苗4万本を北海道に輸送。これを受けて開拓使は、全道の入植者たちに無料で配布しました。さらに、誕生したばかりの琴似や山鼻の屯田兵村にも配られ、大勢の人々が農作業のかたわら、果樹栽培を始めました。

この時、配布されたリンゴの苗は、ベーマーが東京で輸入した75品種から厳選したもの。その中には、「国光《こっこう》」「紅玉《こうぎょく》」「祝《いわい》」「紅魁《べにさきがけ》」などがありました。これらが後年、主要品種となって、日本のリンゴ産業を支える土台となったのです。


日本に新しい農業を導入しようと試みるベーマーの指揮のもと、明治8年から道内各地に配布されたリンゴの苗。しかし、当時、果樹といえばカキやミカン程度の知識しかない日本人にとって、西洋の新しいリンゴなど、当然栽培方法もわかりませんでした。

「しばらく実はならないらしいが、頑張って育ててみてくれとさ」

「なんでい、こっちは畑仕事で忙しくてそれどころじゃないんだ。まあ、ただでもらったもんだから、花でもキレイに咲いてくれるといいけどな」

この苗木が成長してたくさんの実をつけるなど、皆、半信半疑。日々の暮らしに追われるうち、枯らしてしまう家が続出しました。特に戊辰戦争で辛酸をなめた旧会津藩士が多く入植した余市では、敵方の新政府がよこした苗などと言って、見向きもしませんでした。

一方、全道にリンゴの苗を配布した翌年、ベーマーは札幌官園に転勤となります。4年間の東京生活を経て、北海道へ。いよいよここから、ベーマーの実践指導が花開くことになります。

まずは、故郷で鍛えた造園の腕を活かすべく、洋風温室を設計。

「先生、この建物は何のために必要なのですか」

「冬期間でも、植物を試験するためのものなんだ。その代わり、温度の調整が必要になるがね。この温室があれば、冬でも花を育てることが可能になるんだよ」

温室は建物全体が総ガラス張り、また、暖を取るためにボイラーも備え付けられた、日本で初めての本格的なものでした。

これが一般に公開されると、連日大勢の札幌市民が殺到。冬でも夏のような室温を保ち、植物が生い茂る姿に、人々は度肝を抜かれました。

「日本人は庭園を美術品のように愛でる楽しさや喜びをまだ知らない。つらく貧しい生活を強いられている人が多いからこそ、心にゆとりを持つ大切さを教えてあげたい」

この温室は明治11年、クラークの希望で、札幌農学校の農業教育の施設となり、昭和初期まで使用。北大植物園の温室の先駆的役割を果たしました。

ベーマーは後に、当時の貴賓接待所である豊平館や清華亭の前庭も設計。優雅な趣のある庭園を次々と作り、殺風景な札幌の街に華やかさをもたらしました。明治14年に明治天皇が札幌を行幸した際には、この清華亭が休憩所、豊平館が宿泊所に選ばれることになりました。

続いてベーマーは、開拓使のビール醸造所周辺に、広大なホップ園を造成。日本初の官営ビール醸造所は、北海道がホップ栽培に適しているというベーマーの意見を汲んで政府が建造しており、この北海道産のホップで作られたビールは、本場ドイツに負けない味わいと大評判を呼びました。

さらに、それらと同時進行で、リンゴ栽培にも尽力。札幌官園で懸命にリンゴを育て、明治10年には初なりに成功します。

「よし、北海道でも実がなることがこれで証明された。あと1～2年経てば農家に配ったリンゴの木にも実がなるだろう」

この年、東京で開かれた「第一回内国勧業博覧会」に、ベーマーはこの札幌リンゴを出品。「鳳紋褒賞《ほうもんほうしょう》」という栄えある賞を授与されました。

北海道にリンゴ産業を根付かせたい。そのベーマーの願いが届いたの

ビール醸造所とホップ畑

は、2年後の明治12年秋。全道のほとんどの農家でリンゴの木が枯れる中、余市の赤羽《あかば》源八《げんぱち》と金子安蔵《やすぞう》、2軒の農家で、13個の真っ赤な実がなったのです。

「んんっ、甘酸っぱい。これがリンゴの味かあ」

「こんな寒い土地でリンゴができるなんてなあ」

この村でリンゴが実った理由。それは、かつて農業現術生徒としてベーマーからリンゴ栽培を教わった中田常太郎らの指導によるものでした。

フルーツ王国・余市の歴史は、この13個のリンゴから始まりました。民間農家として日本で初めてリンゴ栽培を成功させた余市。このリンゴはのちに「国光」と「緋の衣」と名付けられ、余市の特産品となりました。

ここからリンゴ栽培は全道、全国へと広がりを見せ、ベーマーの伝えた栽培法は、現在リンゴの産地として有名な東北や信州へも伝えられたのです。

ベーマーが北海道にもたらしたのは、リンゴ産業だけではありませんでした。現在、余市をはじめ道内各地で盛んなワイン用ブドウ

緋の衣　ラベル

の栽培も、彼が始めた新たな取り組みだったのです。

ベーマーが札幌に着任した明治9年。開拓使はビール醸造所の開設と同時に、ワイン醸造所も設立。開拓長官・黒田清隆は、ベーマーに、まだ事業の見通しの立たないこのワイン製造の分野を開発することを命じました。

「ベーマー君、開拓使はワイン醸造を急いでいる。ビールと同様、西洋の酒をこの北海道で作れることを、政府に証明するためだ。そこで君の任務はワイン用ブドウの品種選定やブドウ園をつくることだ」

「お言葉ですが、ブドウ栽培は石灰土壌の丘陵が最適です。でも、北海道ではそのような土地は見られないと思います。それに、外国でワイン製造に用いられているブドウの品種も、北海道でうまく育つかは未知数です」

「しかし、もう醸造所は建てている。今成果を出さないと、開拓使の予算が減らされる恐れがある。見切り発進もやむを得ない事情があるのだ。ブドウの生産を絶対に成功させてもらいたい」

黒田に押し切られる形で事業に携わることになったベーマーは、まず、ブドウ園を開設する前に、寒さに強い品種をいくつか栽培し

札幌にあった葡萄園

て、うまく育つものに絞ってから、大規模に栽培することにしました。

同時に、ブドウ園を開く土地の選定も開始。札幌中心街にほど近い、真駒内の南斜面を選びました。

「ここがブドウ園の予定地か？　どうしてこの場所なのだ」

「はい、ここは斜面なので排水の必要がなく、秋の寒風からもブドウが守られるので、ワインに最適な糖分を含む完熟したブドウを収穫できるはずです」

ベーマーの提言を受けて、開拓使は明治12年、真駒内に3600坪の広大なブドウ園を開設。さらに彼は、アメリカ種ではなく北海道に気候が似ているドイツのブドウの輸入を進言しました。

「何を栽培するかではなく、何が栽培できるのかを見極めるのが私の課題だ」

ドイツ種に着眼したことは、北海道のワインの歴史にとって画期的な出来事になりました。しかし、輸入がうまくいかず、まずはほかの官園で育てていたアメリカ種のブドウで千リットルほどのワインの醸造に成功。黒田は着実な成果が出たことに大喜びでしたが、残された時間はありませんでした。

明治14年の春にようやくドイツ種のブドウの苗木が届きましたが、1年後、開拓使の廃止が決定。それに伴い、ベーマーもお雇い外国人の任を解かれ、札幌を去ることになります。

このブドウ園とワイン醸造所は農商務省に引き継がれ、その頃結実したドイツ種ブドウでつくられた札幌ワインは、大正時代まで全国に向けて発売されました。そして1世紀のちの現在、北海道には、当時ベーマーが着目したドイツ周辺の国を原産とするブドウの畑が広がっています。

彼が行った技術指導が、その後の北海道にいかに大きな利益をもたらすか、知る由もないベーマーは、明治15年、住み慣れた北海道を後にしました。開拓使との契約期間、実に10年3ヵ月。これは大勢のお雇い外国人の中でも2番目に長いものであり、その間、ベーマーは北海道と日本に多大な功績を残しました。

その後、横浜に居を移した彼は、ここで園芸貿易の「ベーマー商会」を設立。ユリ根貿易や西洋の花を日本国内で販売し、大成功を収めます。しかし、51歳の時、病を患い、療養のため故郷ドイツへ帰国。その2年後の明治29年、生涯を閉じました。

近代北海道の誕生に欠かせない存在でありながら、謙虚な性格であったためか、今はその名を知る人も少ない、ルイス・ベーマー。平成21年、有志たちによる「ベーマー会」が誕生。ベーマーの活躍を顕彰し、開拓期の歴史を学ぶことで、北海道の素晴らしさを再確認しようと活動を続けています。

また現在、余市町の吉田観光農園には、「りんごの発祥之地」の石碑があり、樹齢100年を超えた「緋の衣」の老木が、今なお真っ赤なリンゴの果実を実らせています。

郡《ぐん》司《じ》 成《しげ》忠《ただ》

1860〜1924

明治8年、日本は樺太・千島交換条約によって樺太を失い、代わりに北方四島をはじめとする千島列島をロシアから手に入れました。ところが北海道開発に力を注いでいた当時、千島開発までは手が回らず、周辺の海は諸外国の密漁で荒れ放題となっていったのです。それを心配した海軍大尉、郡司成忠は、命の危険を冒して手漕ぎボートで千島列島に向かい、開発に着手。この大冒険により、彼は北洋開発の先駆者と呼ばれるようになっていきました。

その昔、千島列島はどの国の領土でもなく、先住民のアイヌ民族が静かに暮らす穏やかな土地でした。そこに日本とロシアの領土権争いが始まったのは、江戸中期の1

700年頃から。最初、松前藩が千島一帯を統括しましたが、間もなくロシア兵が侵攻し、アイヌ民族にラッコ猟などの強制労働を強いるようになったのです。

そんななか、明治に入ると、新政府は北方開発のために開拓使を置き、蝦夷地の開発に力を注ぐ一方、根室に近い歯舞、色丹、国後、択捉の北方四島に郡制を敷くことを決めました。ここが日本の領土であるということをロシアにはっきりと示すためです。しかし、稚内より北の樺太までは手が回らず、樺太は民間の手によって調査が行われたり、漁場を開発したりしていましたが、やがてロシアが武力をもって日本人居住区の樺太南部に迫って来たため、争いが絶えなくなりました。

この現状を何とかしようと、日本はロシアとの間に「樺太・千島交換条約」を締結します。この条約は、手の行き届かない樺太をロシアに渡す代わり、千島列島の18の島を正式に日本領にすることを決めたもので、こうして千島列島と北方四島が日本の領土となったのです。

この時、本来日本が取るべき行動は、ロシア人に代わって日本人を千島に移住させ、アイヌ民族とともに農業や漁業を盛んにすることでした。しかし、蝦夷地改め北海道の開発に着手し始めたばかりの開拓使にはまだその力がありませんでした。千島アイヌ民族を管轄下に置くため、政府は彼らを北方四島の色丹島に移しました。これによって、新領土の千島列島は全くの無人島となり、密漁船のなすがままとなってしまったのです。

日本政府が尻込みするこの千島列島の現状を何とかしようと、世論に訴えたのが、海軍大尉、郡司成忠でした。彼は生涯に渡って千島開発に力を注ぎ、のちに北洋開発の父と呼ばれるようになったのです。

郡司成忠は幕臣、幸田成延の次男として、1860年江戸屋敷で産声を上げました。郡司という姓は、幼い頃、親戚の養子となった際に改名したものですが、間もなく幕府が崩壊し、家督を継ぐ必要がなくなったため、郡司姓のまま生家の幸田家に戻ったという事情がありました。

明治5年、13歳の郡司は父の勧めで海軍兵学寮を受験。15歳と年齢をごまかして受験し、見事合格すると、最年少でありながら優秀な成績を修め、教授や学生たちからも一目置かれました。

そんな郡司少年が、北千島の日本領最北端、シュムシュ島の存在を知ったのは、卒業前の年、明治11年。海軍兵学校の優秀生として、黒田清隆開拓長官とともに、ロシアを訪問した時のことでした。各国の政治家たちの話し合いを黒田のそばで聞いていた郡司は、国際貿易におけるシュムシュ島の重要さと、その周辺海域で外国密漁船が横行しているということを知ったのです。

この辺りはラッコやオットセイの世界的な生息地でしたが、ロシアやアメリカ、イギリスなどの捕獲船がはびこったことで、資源が急速に減り始めていたのでした。

このままではいけないと思い立った郡司は、海軍や政府に日本人の移住を働きかけますが、千島列島最北端という厳しい気候条件もあって、郡司の意見は聞き入れられませんでした。

それからしばらく経った明治24年、明治天皇が荒れ放題の千島調査を命じたことで、ようやく国民は、千島をこのままにしておくのは日本の恥であると強く感じたのです。


その後郡司は、大尉にまで昇り詰め、海軍で活躍するかたわら、あらゆる千島の文献を集め、綿密な計画を練っていました。そして世論が高まった明治25年、エリート軍人の道を退いて、千島移住計画を世間に発表したのです。郡司はすでに千島に骨をうずめる覚悟を決めていました。誰も手掛けない千島開発を自ら成し遂げてこそ、誇り高き日本男児であると考えていたのです。

千島への移住計画はたちまち世間の注目を集め、志願者は殺到します。主に海軍退職者百人余りで結成された調査団は「千島報効義会《ほうこうぎかい》」と命名され、その中には、後に日本初の南極探検を成功させる白瀬矗《のぶ》もいました。

しかし、頼りにしていた肝心の寄付金は集まりませんでした。郡司は海軍に軍艦の貸下げを願い出ますが、軍は公式な船を使わせることを拒否。郡司が困り果てていると、横浜で不要になった手漕ぎボートがあるという情報が届き、さっそくボートを入手しに出かけます。しかし、会員の大半が海軍でボート技術を身につけていたとはいえ、長さ13メートル幅3メートル足らずの手漕ぎボートで、3500キロを航海することは、あまりに無謀とも言える計画。

郡司は不安がる会員たちを励ましました。

「なにも不可能なことではない。大きな軍艦を操縦するのも、ボートを扱うのも根本の理屈は同じである。航海術をはじめ船内の物資や食糧の配分、上官と部下の心の交流など、ボートはむしろ大きな軍艦に勝る！」

この、ボートによる千島探検は、新聞に大々的に報じられ、大きな反響を呼びました。特に郡司は英雄として扱われ、郡司を歌った歌謡曲がヒットしたり、千島遠征双六が発売されるなど、人気はうなぎのぼり。寄付金も続々と寄せられ、天皇からもお金が贈られるなど、郡司は一躍時の人となりました。

こうして明治26年3月、世間の注目が郡司成忠と「千島報効義会」に注がれるなか、彼らはついに出発の日を迎えました。

彼らの出発を見届けるため、東京隅田川の川淵には数万人

郡司大尉北航艇隊一行の記念撮影　明治26年3月22日

の人垣ができ、空には花火の音と歓声が響き渡りました。

「それでは皆様、千島調査の重責、しかと成し遂げ、祖国の発展に一石を投じるため、行ってまいります！」


当初の計画では2ヶ月もあれば千島列島に到着するはずでした。ところが北の海の厳しさは、彼らの想像をはるかに超えるものであり、この後千島調査は続々と死者を出す大惨事となってしまうのです。


出発から2ヶ月が経った明治26年5月、郡司たちは青森付近の沖合いにいました。

「困った、予定が大幅に狂ったぞ。本来ならすでに択捉島に着いているはずなんだが」

「仕方ありませんよ。各地の港で盛大な歓迎会を開いてくれるのですから。我々はそれだけの人気と期待を寄せられているんです。おかげで気仙沼では帆船もタダで手に入れることができたし、牧師様も同行してくれました。悪いことばかりではありません」

そのような中、一行にとって最初の事件が起こります。八戸沖で暴風雨に遭い、手に入れたばかりの帆船とボートが難破、19人の命が失われてしまったのです。他のボートも沈まぬよう積み荷を捨て、物資はほぼ失われました。

その後、通りかかった軍艦「磐城」に救助され、一行は函館港に入港。幸い、函館の人々は温かく彼らを迎え入れてくれました。住民たちは北の海の厳しさを知るだけに、郡司に計画を変更するよう忠告しました。郡司は迷いに迷ったあげく、潔くボートを捨てることにしますが、世間は落胆し、郡司を「嘘つき」と強く非難しました。

世論によってメンバーたちの結束も乱れ、絶望の淵に立たされた郡司でしたが、必死の説得で皆の士気を盛り立て、択捉までの定期船に乗り込み、ようやく択捉に到着。ここから先、船便のあてはなかったため、いったんここに「千島報效義会」の本部を設立します。しかし、目的はあくまで最北端のシュムシュ島でした。

その後、硫黄採掘船が択捉に立ち寄り、択捉とシュムシュ島の中間地点にあるシャスコタン島に向かうと聞いた郡司は、シュムシュ島まで送って欲しいと頼みました。すると、硫黄を積んだ後なら良いという返事があったため、郡司は、白瀬矗ら17人の屈強な男たちを先発隊として組織し、採掘船に乗り込みました。

しかし、ここでも計画が狂いました。シャスコタン

白瀬矗

到着後、採掘船がシュムシュまでは行けないと言い出し、代わりに択捉へ戻るひとつ前のシムシル島になら立ち寄ってもいいというのです。便乗させてもらっている立場の郡司はこれに抗議することもできず、また、シムシル島を天然の良港に改造しようという計画を立てていたこともあって、提案を呑むしかありませんでした。

「どうだろう、我々の目的は最北端のシュムシュ島だが、このシャスコタンもいずれは開発しなければならない。私と白瀬君が島を探索してきたところ、以前アイヌ民族が建てた家屋が残っているし、幸い飲み水も豊富にある。脚気にさえ気をつければ、シャスコタンでの越冬は可能だ。残って村づくりを手掛けてくれる者はいないか？」

郡司の言葉に奮い立たされた9人のメンバーがこの島での残留を決意。残りは採掘船に乗り込み、シムシル島へ向かって南下しますが、その途中、偶然にも軍艦「磐城」と再会します。「磐城」は測量のため本来の目的地シュムシュ島へ向かって北上しており、運良くそれに乗せてもらうことができました。しかしその途中、メンバーの一人である和田平八が、シュムシュ島の南側にあるパラムシル島で単独越冬すると言い出しました。一人で越冬するの

パラムシル島における和田平八

はあまりにも危険だと、郡司たちは止めましたが、和田はかつてこの島の住民だったアイヌ民族を再び帰還させたい、そのために島の開発を急ぎたいと言い、一人下船したのです。

こうして千島列島には択捉に40数人、シャスコタンに9人、パラムシルに1人、そしてシュムシュに7人が分かれて点在。それぞれに越冬するための準備が始まりました。

郡司たちシュムシュ島メンバーは、内務省に依頼されていた気象観測のほか、地形、生物、地下資源の調査を進めました。サケやマスが豊富に獲れたことで食糧に困ることもなく、郡司たち7人は日本人で初の北千島越冬に成功したのです。

しかし、他の島の実情は悲惨そのものでした。翌年明治27年5月、島の周辺の流氷が流れ去った後、イカダを作って単独越冬した和田平八の様子を見に行ったところ、そこで目にしたのは、衰弱死した和田の遺体だったのです。

「あれほど一人では無茶だと言ったのに…。シャスコタンの9人は…無事だろうか」

郡司の脳裏に一抹の不安がよぎりました。

翌月、軍艦「磐城」が郡司らを迎えにシュムシュ島に現れました。ここで郡司は衝撃的な事実を知らされます。「磐城」がシャスコタンに寄り、9人を回収しようとしたところ、全員が亡くなっていたというのです。死因は猟に出ての遭難と、小屋の中で焚き火をしたための一酸化炭素中毒でした。そしてもうひとつ、「磐城」から知らされたのが、日清戦争の開始でした。郡司たちは退役軍人とはいえ予備役であったため、戦争が始まったら現地に出向かなければならないのです。

軍人としての使命か、それとも千島開発という自らの夢か。郡司は身を引き裂かれる思いで白瀬に後を託し、戦争に参加するため島を去りました。白瀬たち残留組はもう1年、この島で厳しい生活を続けましたが、さらに3人が亡くなり、白瀬も命からがら漁船に救助されるという惨憺たる結末となりました。一方、本部を置いて滞在していた択捉の40人あまりも本土に引き揚げ、ここに「千島報効義会」の第一次計画は、多くの犠牲者を出して終わりを告げたのです。

明治28年、日清戦争が終わり、召集解除になった郡司は、第二次「千島報効義会」を結成するために再び奔走しました。前回の失敗を活かして、さらに細かい移住計画を作成。また、以前から国会に提出していた「報効義会保護案」がこの年成立したことで、3年間

磐城

に渡り2万8千円余りの補助金が政府から出されることが決まりました。

「今回の目的は探検・調査よりも、漁業、農業を中心とした村の建設にあります。亡くなった同志たちの霊を慰めるためにも、次こそは千島開発を成功させようではありませんか！」

今回、郡司は家族ぐるみの移住を勧めました。集まった57人の会員の中には、郡司の妻も含め14人もの女性の姿がありました。


明治29年9月、郡司成忠率いる「千島報效義会」一行は、一人も欠けることなく千島列島最北端のシュムシュ島へ到着。3年前に居住の準備や調査が終了していたこともあり、入植間もなく彼らは着実な成果をあげていきました。

郡司は彼らに土地への愛着心を植え付けるため、学校、病院などを建て、励ましました。報效小学校の児童は、6人という少人数ながら、教師は進級試験も厳しく実施し、ロシア語の習得、農作業や漁業の実習も行いました。

また養豚や牛馬の飼育も手掛け、魚肉の缶詰製造も開始。かつて和田平八が単独越冬して命を落としたパラムシル島にも、移住者を住まわせました。

やがて移住者同士で結婚し、子供も無事誕生。島は明るい話題に包まれました。

その間、郡司は千島と東京とを何度も往復し、入植の成功を写真を交えて報告しながら、新会員の入会を広く呼びかけました。その努力の結果、会員は年を追うごとに増えていき、最初の入植から7年後の明治36年には、シュムシュ島の定住者は170人にまで増加したのです。

彼らは主に、サケ・マス・タラ漁とその加工に従事し、かなりの好成績を収めました。そして缶詰製造の分野でも技術と品質を向上させていき、これがのちに、北洋の花形となった缶詰事業の始まりとなったのです。

これにより函館の漁業家の中には、いち早くロシアの許可を取ってカムチャツカまで操業する者も現れ、シュムシュ島はその本拠地として年間2500人の人が訪れるようになるなど、大きな役割を果たしました。


シュムシュ島に日露戦争開戦の知らせがもたらされたのは、まさに開発が軌道に乗っていた時期でした。郡司は、すぐさま義勇隊24人を組織し、カムチャツカ半島へ進撃します。その理由は、寒い土地での開墾に嫌気の差している会員たちを奮い立たせ、団結力を高めるためでした。

ところが義勇隊はカムチャツカに上陸後、すぐにコサック兵に襲われ、十数人もの死者を出します。さらに責任者の郡司も捕えられ、残った数人は命からがらシュムシュ島に逃げ帰りました。

「どうする？　会長が捕まったんじゃ、俺たちこの島にいる意味がない」

「あいつら、ここを見つけて襲ってくるかもしれん。急いで本土に引き揚げよう」

こうして会員たちは引き揚げを決定。残留を主張した人たちを除き、56人が島を去ることになりました。日清戦争後、郡司が壮大な夢を抱いてシュムシュ島を訪れてから8年、再び「千島報效義会」は解散となってしまったのです。

その翌年、日露戦争終結に伴い、郡司は解放されて日本に帰国しました。2度にわたる千島開発の挫折とこれまで犠牲となった同志に対する後悔の念から、しばらくは抜け殻のような日々を送りましたが、なおも夢を諦めきれず、会を率いて活動を再開。その後周囲に推されて「露国沿海州水産組合（翌年、露領水産組合と改称）」の組合長にも就任します。この頃、会は漁業団として活動していましたが、郡司は入植が叶わない分まで、日本の北洋漁業権確立に向けて力を尽くしました。

この頃から北洋での日本人の活躍は目覚ましく、漁業家たちはこぞって郡司に指導を仰ぎました。その中の堤清文と平塚常次郎は、郡司にこのような助言をもらいました。

「日本人は今、サケやマスをただ塩漬けにしているが、この紅ザケを缶詰にして輸出すると、イギリスではとても高い値段で売られるのだよ。私は北洋開発には失敗したが、北洋漁業の知識においては自信がある。私を信じて缶詰で勝負しなさい」

平塚は、郡司の勧め通りサケの缶詰を作り、イギリスに送りました。するとサケの缶詰は大当たりし、これがもととなって平塚は、日魯漁業株式会社を盛り立て、幅広く事業を展開していったのです。

大正期になると、この「日魯漁業」をはじめ、各水産会社の本拠地がシュムシュ島付近に置かれ、日本の北洋漁業は大きく羽ばたきました。郡司の果たせなかった願いは、ここにようやく実を結んだのです。

その後、郡司成忠は大正13年、波乱に満ちた64年の生涯を静かに終えました。

西川《にしかわ》 寅吉《とらきち》

1854～1941

「五寸釘寅吉」こと西川寅吉は、強盗犯として北海道の空知・樺戸集治監に服役させられたものの、脱出不可能と言われたそれらの監獄を脱獄し、今も博物館網走監獄にマネキンが飾られている、有名な囚人です。彼を脱獄に駆り立てた執念とは何だったのでしょう。

ある時代の状況の中で、犯罪者が英雄視されることがあります。時代の混乱がヒーローをつくり出すのです。明治の時代に生き、幾多の伝説を生み出した男、それが西川寅吉でした。

寅吉が、網走監獄で刑期を終えて仮出所したのは、大正13年9月3日。無期刑が、高齢による執行停止を受けての出獄でした。着物姿に風呂敷包を抱えた寅吉は、自由の風を浴びながら、71歳にして、ここに第二の人生を踏み出したのです。

西川寅吉、別名「五寸釘寅吉」。彼は、半世紀余りの獄中生活を、飽くことなき脱獄に燃えた、稀代の脱獄犯として知られています。そのために刑期が延びに延び、半世紀もの間服役していたのです。

寅吉の第二の人生は、旅芸人としてスタートを切りました。「五寸釘寅吉劇団」を旗揚げし、座長として舞台に立った彼は、僧侶の格好で自らの罪を語り、それを反面教師として人間の生き方を説きました。波乱の生き様を自ら淡々と語るその姿は、庶民から絶大な人気を博し、彼はこうして自分なりの罪滅ぼしを行ったのです。

寅吉が最初に月形町の樺戸集治監に収監されたのは、明治22年、36歳の時。神奈川県の酒屋に凶器を持って押し入り、女の家に潜伏しているところを捕まりました。15年の懲役刑を受けての樺戸入りでしたが、彼の犯罪歴はそれよりずっと前にさかのぼります。

西川寅吉は明治維新より14年前、三重県の貧しい小作農の四男に生まれました。生まれた年の干支が寅年だったことから寅吉と名付けられた少年は、生まれながらに人並み外れた運動能力が備わった子どもでした。

12歳の時に父が亡くなると、真ん中の兄2人が丁稚奉公に出され、家に残された寅吉もまた、悲しみにひたる間もなく、葬儀の翌日から水田に出て働かされます。

しかし、腰まで泥に埋まるほどの田んぼ仕事は、大人でさえ大変な作業。一番上の兄は、寅吉の仕事が遅いのをなじり、泥の中に何度も頭を沈めるなどして暴力を振るいました。そんな兄に対し、寅吉は鬱屈した思いを抱いて成長していきます。

その後も兄は、うっぷんを晴らすかのように、ことあるごとに寅吉をやり込めました。19歳で結婚し、子供も生まれたものの、その後も兄とのいさかいが絶えることはなく、21歳になったある時、田んぼに落とされた寅吉は、ついに隠し持っていた小刀を取り出して、兄をけん制するそぶりを見せました。それが、兄に対する初めての反抗でした。

ところが、これを見た村人が、すかさず警察に通報。結局、刃物を持っていた寅吉が咎められることになり、懲役2年の刑が言い渡されました。彼が最初に法の裁きを受けたのは、皮肉にも、身内同士のいさかいが原因だったのです。

一度投獄された人間にとって、社会復帰は大変に困難なもの。まして、身分差別が根強く残っていた明治初期に、犯罪者の更生保護の考えなどあるはずもなく、出所した寅吉を待っていたのは、集団意識の強い村人たちからの「村八分」でした。

助け合いが必要な小さな村の中で、妻と幼い子どもと孤立してしまった寅吉。孤独な思いが日に日に募ったある日、同じくつまはじき者の熊五郎から「一稼ぎしよう」と話を持ちかけられ、つい誘いに乗ってしまいます。一稼ぎとは、隣村での押し込み強盗。しかし、家の者に騒がれて何も取らずに逃走し、逃げ込んだ納屋で捕まったのです。前科者の強盗犯ということで、今度は懲役7年の刑を科せられました。

「もうこんな生活はこりごりだ。俺は今度こそ真面目になる。うまい話にも乗るもんか！」

そう決意新たに出所しましたが、次に目の前に現れたのは、奉公に出ていた兄の研吉でした。12歳で別れて以来、17年ぶりの再会。心に隙間風の吹いていた寅吉に、肉親の情はありがたく、2人はすぐに打ち解けます。ところがこの研吉、筋金入りの前科者で、寅吉に物とりの技術を手取り足取り教え込んだのです。

さっそく近くの村の民家に押し入り、空き巣を成功させると、続いて他の村でも次々と犯行を重ね、東京方面まで出て荒稼ぎをしたところで、兄弟そろって御用となります。

寅吉は横浜監獄署に収監されますが、裁判所から監獄へ移動の途中、看守の隙を狙って逃走を図りました。これが、その後の寅吉の脱獄癖の第一歩となってしまうのです。

この逃走以後、寅吉は警察の目をかいくぐって土地を転々とし、故郷近くの村まで戻りました。

そこでは、かつて監獄に一緒に入っていた次兵衛という男と再会します。すると、次兵衛の口から、こんなことを聞かされました。

「お前は22の時から故郷に帰っていないよな。俺が3年前にお前の故郷に寄った時に聞いた話だが、お前のおっかさんは、お前のことを苦にしながら死んだそうだ。家督はお前の妻が幼子を抱えて相続したが、働き手がいなくなったからと、地主が田んぼを半分返せと言ったそうだ。それが嫌なら地代を上げるとか言って、朝な夕な嫁さんをいじめているそうだ。村の恥には田んぼを貸したくないんだと。家族には罪はないのにな」

この話に憤然とした寅吉は、脱走から1年半後、故郷に姿を現し、帰郷するなり地主に怒りの棍棒を振るったのです。それでも怒り収まらずに火を放ち、地主の家は全焼。幸いケガ人は出ませんでしたが、これらの罪でついに寅吉には無期刑の判決が言い渡されたのです。


ところが収監された三重監獄署で、またもや仲間とともに脱獄。その脱走中に起こしたのが、足に釘を刺したまま質屋から逃亡した事件でした。

「どうせ俺はお尋ね者だ。今さらまっとうな仕事に就けるはずもねえ。所詮俺にはこんなことしかできねえんだ」

ある夜更け、寅吉は老舗質屋に盗みに入ります。得意の軽い身のこなしで金庫のある部屋に近づくと、寅吉を追って張り込んでいた警察に気づかれました。寅吉はとっさに逃げましたが、その際、路上で板についていた釘、しかも15センチもの長さの五寸釘を踏み抜いてしまったのです。

五寸釘を足の甲に突き通したまま走るのは、超人技としか言いようがありません。それでも寅吉は死にもの狂いで逃げ続け、10キロ走ったところで、釘を抜いて手当をしていたところを見つかり、御用となりました。この出来事が、後日、東京の新聞の探偵実話シリーズで「五寸釘寅吉」と題して取り上げられると、寅吉は全国的に有名になりました。これが「五寸釘寅吉」の異名がついたいわれだったのです。

こうして監獄に収監された寅吉でしたが、彼はその後も看守の目を欺いて次々と脱獄を成功させます。看守たちが一人の囚人に出し抜かれ、右往左往する姿は、権力主義の世の中で非常に滑稽に映り、いつしか寅吉は国民のヒーローにまつり上げられていくのです。

五寸釘を踏み抜いた足の傷も癒えた頃、寅吉の身柄は東京の仮留監に移され、そこから遠い北海道の地に送られることになりました。

明治18年、寅吉は、荒野にポツンと佇む三笠市・空知集治監へ移送されます。北海道の監獄は、殺人を犯した者や政治犯などの長期刑の者たちが送られる場所で、強面の屈強な男たちが多く収監されていました。そんな中で、身長150センチ、体重50キロもない小柄な寅吉は、囚人たちから畏敬の念で迎え入れられました。それは、「天下の極悪人」として名を轟かせながらも、決して殺人を犯さない彼の信念と犯罪スタイルが、ある種の尊敬を集めていたのです。

この空知集治監でも、寅吉は看守の目を盗み、まんまと脱獄に成功してしまいます。すぐに全国に指名手配となりましたが、すばしっこい彼は逃げ続け、そして翌明治22年の秋、神奈川で強盗を働いたところを捕まり、懲役15年の刑を食らい、今度は樺戸集治監にやって来ます。

ただし、捕まったと言っても、「西村安太郎」という人物になりすまし、指名手配犯であることは隠していました。そのため、樺戸の中でも前科のない者が入る、一般の雑居房に入れられていたのです。

自由時間は他の囚人らと共に花札に興じましたが、寅吉の花札の手さばきは、手品師と言われるほどの達者ぶり。その手先の器用さに加え、物事に動じない肝の太さと大胆不敵な性格は、まさに彼の波乱の人生の中で鍛え上げられたものだったのです。

こうして囚人仲間から一目置かれた寅吉でしたが、ある時、空知集治監で一緒だった看守が赴任

樺戸集治監　明治14年

してきて、正体を見破られてしまい、ついに4畳半の独居房に移され、足首に鉄球をつけられます。

「こんな扱いは人道に反する。もうこんな場所には一刻もいたくない」

この頃、樺戸の囚人たちは、水源地確保のための工事に従事させられており、この作業中、寅吉は周囲を見渡しては地理を見極め、脱走の案を練っていました。

「俺が監獄を出られるのはいつのことになるかわからない。それならば、いずれ捕まるにしても、脱獄して浮世の風にあたれたら、その分だけでも儲けものだ」

こう決意すると、寅吉の心はすでに脱獄へと奮い立っていました。

囚人の足につけられた鉄丸

その機会がやってきたのは樺戸にやって来てから2年後の明治24年3月。当初練っていた案とは全く違うチャンスが訪れたのです。
看守に率いられていつもの現場に着き、作業に取り掛かろうとした時でした。まず相棒の2人が、担ぎ棒を振り回して看守に襲いかかったのです。2人はひるむ看守を組み伏せて剣を奪うと、寅吉ともに一目散に走り出しました。

3人は月形からニシン景気に沸く厚田へと逃げましたが、今回は咄嗟のチャンスだっただけに、計画がしっかり練られておらず、脱走から5日目にして逮捕されてしまったのです。

「お前のような愚か者は、鉄球を2個にしてやる。これで自由は利かないぞ。覚悟しておけ！」

寅吉は監視が厳重な独居房で、1個4キロの重さの鉄球を両足に2個つけられることになりました。しかし、これで諦めるような寅吉ではありませんでした。


独居房の中で看守が足に新たな鉄球をはめようとかがみこんだ時、寅吉は看守の顔を力いっぱい蹴り上げたのです。そっくり返った看守はそのまま気絶。寅吉は素早く房を飛び出ると、廊下を駆け抜けて表へ出ました。難関は集治監に張り巡らされた高さ5メートルの塀。そこで、途中の水場で濡らした上着を脱ぐと、力いっぱい塀にたたきつけて、その吸着力を利用して上着に足をかけてよじ登り、塀を乗り越えたのです。

樺戸集治監の丸太組独房

「看守長！」

「なんだ」

「西川の奴が……逃走しました」

「逃走した？」

皆信じられませんでした。誰もがこの塀を乗り越えるなど不可能と思っていたのです。

一方の寅吉は、塀越えで軽業師的な本領を発揮したとはいえ、次の難関が立ちはだかります。それはとうとうと流れる石狩川。逃走経路においてはどうしても石狩川を渡らなければならないのです。しかし当時は、渡し守が舟を出す以外に向こう岸に渡る手立てはなく、しかもある程度の人数が揃わないと舟は出してくれません。

「グズグズしていたら追手に捕まっちまう。どうすればいいか…」

周囲を見渡すと、対岸にカゴを渡すためのケーブルが張ってありました。

「よし！　これでいこう。幸い日も暮れているし目立つことはないだろう」

寅吉はケーブルの縄に飛びつき、足をからませながら、綱渡りの芸当よろしくサルのようにぶら下がってつたって行ったのです。

これにまんまと騙されたのは看守たち。５メートルの塀をよじ登るという思いもよらない寅吉の芸当に辟易しながら、必死で付近の草むらを探している間、まさか空中を逃げているなど想像だにできず、こうして寅吉は石狩川を渡り切り、闇に消えていったのです。

まさに特殊能力としか言いようのない運動神経で、寅吉は脱獄不可能と言われた樺戸集治監から2度も脱獄に成功したのでした。

その後の彼は、豪商の土蔵などから強盗を繰り返し、本州へと南下していきます。盗んだ金は博打で湯水のように使う一方で、貧しい開拓農民や出稼ぎ人の家に投げ込んだりもしました。警察権力相手に脱獄を繰り返しながら、弱い者の味方に立つ寅吉のこうした行為は、国民に爽快感を与え、清水次郎長のような持て囃されぶりでした。

しかし1883日目、脱獄から半年で悪運は尽きました。15件目の強盗で足がつき、逮捕されたのです。明治26年、無期刑に服するため、3度目の北海道行きとなり、標茶町の北海道集治監釧路分監に入獄しました。この分監長は、かって空知集治監にいて、寅吉の性格を良く知っていました。

「この男はこれまで看守たちに意識的に反抗する態度を取って来た。看守はそれに苛立ち、彼に厳しい態度で臨む。この厳しい態度を長い間続けていると、看守の心に余裕がなくなり、隙が出てくる。あいつはこの隙を狙っているんだ」

そこで分監長は、真面目で辛抱強く、穏やかな性格の看守を担当にあてました。そして、寅吉の感情を刺激するのを避け、足かせをなくし、他の囚人たちと同様に扱う方針を立てたのです。

すると、次第に寅吉も心身ともに落ち着き、それどころか改心の情すら見えてきました。

「どうだね、最近めっきり大人しくなったようだが」

「あっしも40を過ぎました。体力も気力も落ちてきています。以前のような無茶はもうできませんよ」

寅吉は穏やかにそう言いました。

釧路分監は明治34年に閉監となり、網走に網走分監として移されました。これが現在の網走刑務所の前身です。48歳の寅吉も他の囚人たちと一緒に網走に移動し、引き続き大人しく刑に服しました。何度も悪の道に落ちたとはいえ、もともと褒められれば真面目になって働くといった、素直な性格。年齢を重ねるにつれ、寅吉は善良な人間に変わっていきました。

網走に移ってからの明治37年、分監で集団逃走事件が発生します。看守は真っ先に寅吉の房を見に行きましたが、彼は全く動揺することなく泰然と座っており、その姿はもはや別人でした。

「西川、かわりはないか？　何か嫌なことはないか」

「はい、看守長さん。出所した者がまた罪を犯して戻ってくるでしょう。その連中に、まだいるのかと言われるのがつらくてね。いっそここから逃げ出したい気分になりますよ」

「ではなぜ逃げげんのだ。その気になればお前ならいつでも逃げられるだろう」

寅吉は笑いながら答えました。

「もう疲れましたよ」

この男はこれからも逃げないだろう。看守長は、寅吉の穏やかな表情を見て確信しました。

かつての神仏をも恐れぬ極悪非道な強盗犯から一変した従順な態度は、「五寸釘寅吉」という類まれな伝説を持った模範囚として、囚人たちの畏敬を集めるまでになっていました。さらに、寅吉は監獄の敷地内を自由に移動できるほど、看守たちからも信頼の置かれる状況となります。

彼は、監獄内で働いて得たわずかなお金を、捨てるようにして残してきた故郷の妻子に送り続け、季節の変わり目には必ず手紙も書き送っていました。そして老境に入ると、ますますこれまでの人生への後悔が深まり、懺悔の日々を過ごしました。

「皆さん、長い間お世話になりました。あっし西川寅吉は、二度とこの門をくぐらないことを誓います」

大正13年9月3日、ついに寅吉の長い長い獄中生活に終止符が打たれる日がやって来ます。恩赦により刑期を短縮され仮出所を果たしたのです。

釈放のニュースは多くの新聞に取り上げられ、この情報を得た函館の興行師は、「五寸釘寅吉劇団」という一座をつくり、彼を座長にして全国を巡業させます。寅吉は心機一転、髪をそり落として坊主になり、僧侶の格好をして、手には数珠を持って舞台に上がりました。そして、自らの罪状を説いて、観客らに人の道を諭していく、旅芸人となったのです。

「あっしは人生のほとんどを無駄に過ごしてしまいました。人は誰でも一度は道を踏み誤ります。だけど、修正もできるのです。あっしのような愚か者にはならないよう、今一度自分の歩んだ道を振り返ってみてください」

道内各地を巡業中、彼は2度月形を訪れましたが、樺戸集治監はすでに閉鎖となっていました。かつて2度も脱獄を成し遂げた監獄に別れを告げた彼は、その後、昭和の初めに故郷の息子に引き取られ、昭和16年、畳の上で安らかに亡くなりました。

稀代の脱獄囚として天下にその名を知らしめた五寸釘寅吉は、出所から17年間穏やかに暮らし、そして西川寅吉という一人の老人として、88年間の生涯を全うしたのです。

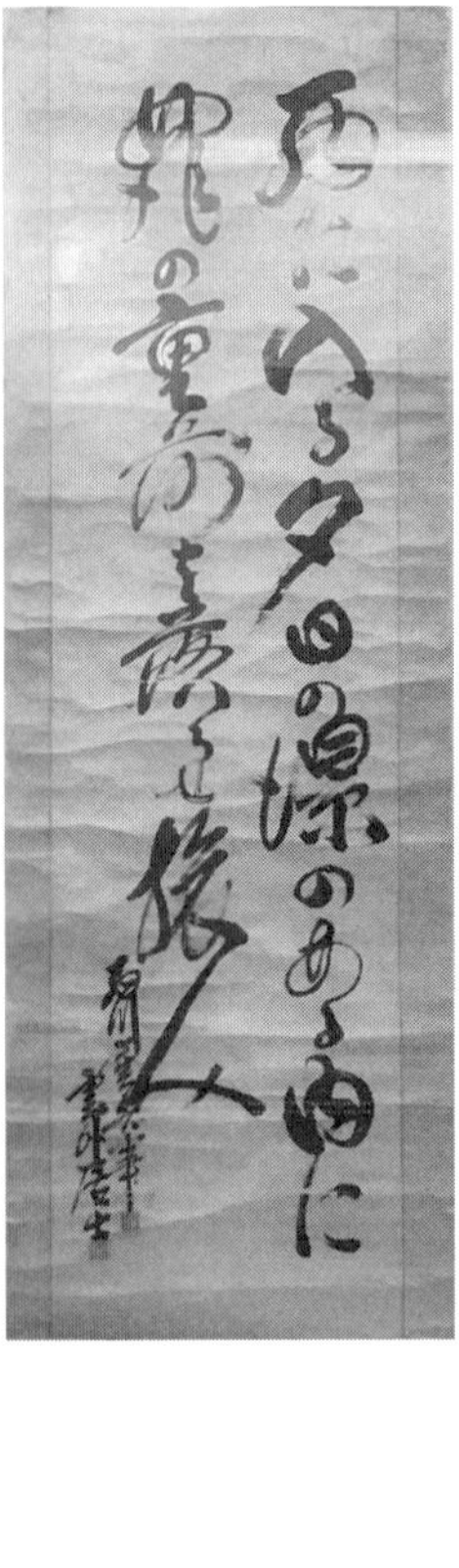
月形樺戸博物館に展示されている晩年の心境をうたった「寅吉直筆の書」

花田《はなだ》 伝七《でんしち》

1855〜1938

　日本海沿岸のオロロンラインに位置する、留萌郡小平町。ここに、日本最北端の国指定重要文化財、旧花田家番屋があります。現在、人口約３３００人のこの町は、かつてニシン漁で栄え、「ヤン衆」と呼ばれる大勢の季節労働者の喧騒に沸いた土地でした。そのヤン衆たちを束ねた親方で花田家の主人が、道北地方を代表する大網元の花田伝七です。


「ニシンが群来《くき》たぞー！」

「それっ、網を引けー」

　太陽の光に乱反射し、海面が煌めくほど大量に押し寄せるニシンの群れ。かつて北海道の春は、「春告魚」と呼ばれるこのニシンの群来《ぐんらい》とともに訪れ、日本海の浜辺はヤン衆たちによって、おおいに活気づきました。

ソーラン節を歌いながら、必死でニシンを水揚げする男たち。そのニシンを浜に担ぎあげるために長い列をつくって待ち受ける女たち。ひとたびニシンが群来ると、浜辺は一晩中かがり火が焚かれ、不眠不休の力仕事が始まるのです。

ニシン漁の間、彼らの拠点となるのは、一際豪壮な番屋でした。番屋とは、大勢の労働力を必要とするニシン漁の、春の時期だけ寝泊まりする民家のこと。どれだけ大勢のヤン衆を収容できる番屋を建てるかが、親方の力の誇示であり、漁の成功を支える大きなカギともなるのです。

小平町で、荒くれ者のヤン衆数百人を束ねた花田伝七は、最盛期には十数ヶ所ものニシン定置網を経営し、米蔵、網蔵、船倉などの建物を数多く所有した、道内屈指の大網元でした。そして彼は、北海道漁業と地元の発展のために私財をなげうち、数々の業績を残した篤志家でもあったのです。


花田伝七は江戸時代末期の１８５５年、松前の福島村に、３代目花田伝七の長男として生まれました。本名を伝吉と言います。花田家の先祖は、もとは広島の郷士でしたが、江戸中期、蝦夷地に渡って松前藩に勤め、以降、花田家当主は代々花田伝七を名乗りました。そして、祖父の代からはニシン漁を手掛けました。

ニシンは、松前藩にとって古くから米に代わる貴重な特産物でした。江戸時代、領民は諸藩に年貢米を納めなければなりませんでしたが、寒い蝦夷地では米が獲れないことから、松前藩は代わりにニシンを徴収していたのです。

漁獲されたニシンは、身欠きニシンや数の子などに加工されましたが、その中でも特にニシン粕は、みかん、菜種、藍、綿花などの商品作物の栽培に欠かせない肥料となることから、本州で大変重宝され、松前藩や漁業家たちの経済を潤わせました。

花田家は、そのニシン漁を江戸中期から代々手広く営んだ、道南でも指折りの漁業家だったのです。

伝吉の父、3代目伝七も、福島村でニシン漁を手掛けていましたが、やがて北上するニシンを追いかけて、鬼鹿《おにしか》村、現在の小平町に移り住み、その後、宗谷・利尻にも漁場を開いて、この地方を代表する漁業家になりました。
春、日本海の浜辺一帯は、地面が見えなくなるほど、水揚げされた銀色のニシンで埋め尽くされます。その大量のニシンを鮮度の良いうちに加工するため、全処理が終わるまで労働者が手を休めることはできません。夜がふけても朝になっても作業は続けられ、子ど

大正初めの鰊漁場

もから年寄りまでもが手伝いに駆り出されるのです。

炊き出しの握り飯が番屋から届けられ、飲み込むようにして食事を済ますと、人々は再び作業に戻ります。その慌ただしい現場を的確に指示し、大勢の労働者を取り仕切るのが、親方である父の仕事。その勇ましい姿は、伝吉少年にとって憧れの存在でした。

「伝吉、ニシンは北海道で暮らす者の生活を支える貴重な魚だ。それを加工したニシン粕も、肥料となって、日本の農業を大きく支えている。ニシンは多くの人たちを幸せにする魚なんだ。お前が将来私の跡を継いだら、常に皆の幸せを考え、この海と向き合っていきなさい」

他にも父は奉仕の心の重要性を説きました。ニシン漁で得た巨万の富を我がものとはせずに慈善事業に励むことを、身をもって実践したのです。

村長の職をはじめ、数々の公職について村の発展に尽くし、網元としての生き方を息子に示した父は、明治31年、多くの人々に惜しまれながらこの世を去りました。

「親父、安心してくれ。俺が親父の跡を立派に継いでみせる。花田家当主の名に恥じぬよう、今以上に北海道の漁業を発展させる。多くの人たちが今よりもっと幸せになれるように！」

43歳の伝吉は、この時、亡き父の名を襲名し、「4代目・花田伝七」として、大網元の地位を担う決意を固めたのです。

若い頃から父の片腕として漁業に携わってきた4代目伝七が、親方となって最初にこだわったのは、ヤン衆たちの食事の管理でした。

毎年春、花田家にやって来る出稼ぎのヤン衆たちは、およそ200人。気の荒い男たちが、同じ空間で生活をともにすれば、当然争いごとも毎日のように起こります。家族に会えない寂しさ、苛立ち。労働は過酷で、遊びごとのような気晴らしもない。やり場のない思いは日ごと膨らみ、些細なことから喧嘩が勃発。漁に最も大切な協調性が失われてゆくのです。

伝七は、これらの不満を少しでも摘み取ってやろうと、北海道ではなかなか米が手に入らないこの時代、贅沢に白米を振る舞いました。

「飯の時間だけが唯一の楽しみだぁ。この真っ白な飯をおらの子たちにも食わせてやりてえなぁ」

ヤン衆たちは毎日腹いっぱい白米を食べました。その消費量は、米300キロを3日で食べ尽くすほど。彼らの食費だけでも大変な金額になりましたが、伝七のこうした温かい気遣いと貴重な白米が、ヤン衆の活力となり、彼らは仕事に精を出してくれました。

さらに伝七は、父の遺言である「世のため人のために生きよ」に従って、村の発展にも尽くそうと考えました。

「村を発展させるためには、村人一人ひとりの暮らしがもっと豊かにならなければならん。だけど、その日その日で手一杯な漁師たちの負担を減らさねば、心に余裕もできない。もっと漁に手間をかけず、楽にできる方法はないだろうか」

当時の鬼鹿村は、住民のじつに7割が漁業を生業としており、中でもニシンは漁獲高の大部分を占めるほど豊漁が続いていました。そのため漁民たちは昔ながらの漁法に満足し、工夫を凝らすことを望みませんでした。

「俺たちゃ、あんたのように人を雇ったり裕福な暮らしはできねえが、家族が食ってくことはできる。今さら新しいことなんてやりたくねえよ」

そうは言っても、本州と比べると開拓の年月浅い北海道。経済状況もまだまだ安定はしておらず、鬼鹿村も例外ではありません。

伝七は、いろいろと考えた末、ニシン網の改良を思いつきました。当時の網の主流は、海底に固定する定置網の一種、「行成網《いきなり》」。しかしこれは開口部が大きく開いているため、一度入ったニシンが再び網の外に出やすいという難点がありました。また、行成網は、網を固定するための枠船を、浜に向かって平行に設置しなければならないため、横波を受けて常に揺れが激しく、乗組員の作業も難航するのです。

そこで伝七は、新たに角網《かくあみ》を使用することにしました。角網は行成網に比べるといくらかニシンが入りにくいものの、一度入ると逃げづらく、ニシンが群来ると漁獲高ははるかに高いという長所を持っていました。そのうえ、角網の場合は、枠船を浜に向かって垂直に設置できるため、横揺れは避けられ、夜泊まりや作業も容易になるのです。

伝七は村の漁師たちに、熱心に角網の使用を勧めました。はじめは気が乗らなかった人々も、身をもって実践する伝七の姿に次第に心動かされ、次々に新しい網に切り替えていきました。こうして明治末期までには、鬼鹿村だけでなく、天塩地方全域にこの角網が普及されたのです。

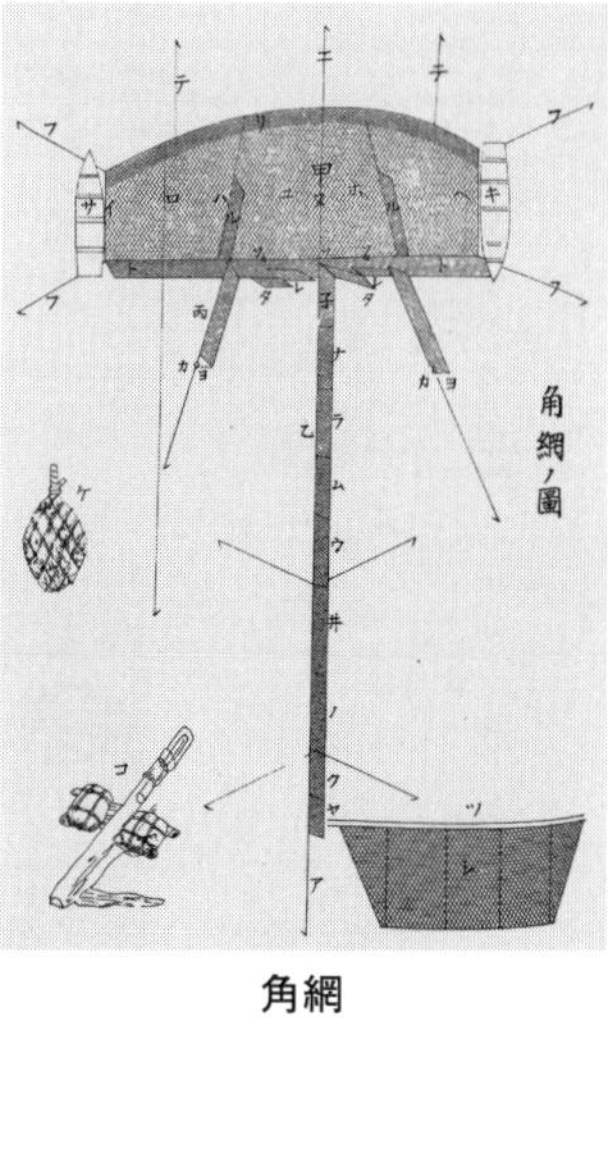

角網

「まだまだ改善の余地はある。網元として俺にはやるべき使命がある！」

4代目・花田伝七の名を背負った男の挑戦は、まだ始まったばかりでした。

「一獲千金の夢追い漁」と呼ばれていたニシン。そのニシンに夢を追った漁師たちのために、花田伝七は次々と漁法を改良していきました。

「この地方の沿岸は風や波が激しい。だから作業に困難をきたして一度獲ったニシンを流すだけでなく、時には命すら落としてしまうこともある。何より人命を最優先しなければ」

そこで伝七は、これまで人力で行っていたニシンの沖揚げを、機械に替えようと考えました。現在の金額でおよそ1千万円という費用を投じて、11馬力のスタンダー式蒸気機関を購入。試行錯誤の末に、自らニシン沖揚げ機を発明しました。

「すげえ！　網が勝手に動いてるぞ！　花田さん、あんた、とんでもねえものをつくったな」

それまでは、人力で沖揚げする場合、1日12時間、30人もの人手が必要でしたが、この沖揚げ機を使用することで、人手が3分の1に減り、経費も半額で済むようになったのです。

明治36年の当時にあって、彼の発明は、北海道全体のニシン漁獲法を大幅に改革したものであり、この画期的なニュースは瞬く間に全道に広まりました。間もなく道内の漁業者の多くが、人命優先と人件費を抑えたこの沖揚げ機を使用するようになったのです。

鰊沖揚機械柱立桟橋

北海道漁業界に近代化の革命を巻き起こした伝七の行動は、もはや鬼鹿村の人々だけでなく、全道の漁師たちにとって注目の的となりました。

「よし、どんどん新しい風を吹き込んでいこう。次はニシンの煮沸法の改良だ」

このニシンの煮沸法というのも、昔ながらの方法が継続されていました。この頃、漁獲されたニシンは、大部分が肥料としてニシン粕に製造加工されていましたが、その作り方は、まずニシンを大釜に入れて十分に煮たうえで、圧搾して、水分と脂肪分を取り除いてから、残りを乾かしていました。

しかし、この最初の工程の煮沸法が、土かまどで煮るため5時間も時間がかかり、さらに上に覆い蓋をしないため、肥料の成分が蒸発することもあったのです。

「この方法じゃ、衛生的に良くないし、効率も悪い。何か良い方法はないだろうか」

ここでも彼は沖揚げ機と同様、蒸気の利用を試みます。すると、これにより煮沸時間が5時間からわずか20分に短縮され、人件費が大幅に削減されたうえ、肥料の成分が蒸発するのも防ぎ、燃料のたきぎも節約できるという、まさに良いことずくめでした。伝七の新しい試みは、またしても北海道全域はおろか、遠く樺太にまで広がりました。伝七自身も、良質のニシン粕をつくることに心血を注ぎ、明治39年、北海道物産共進会に出品した彼のニシン粕は、名誉銀杯を受賞したのです。

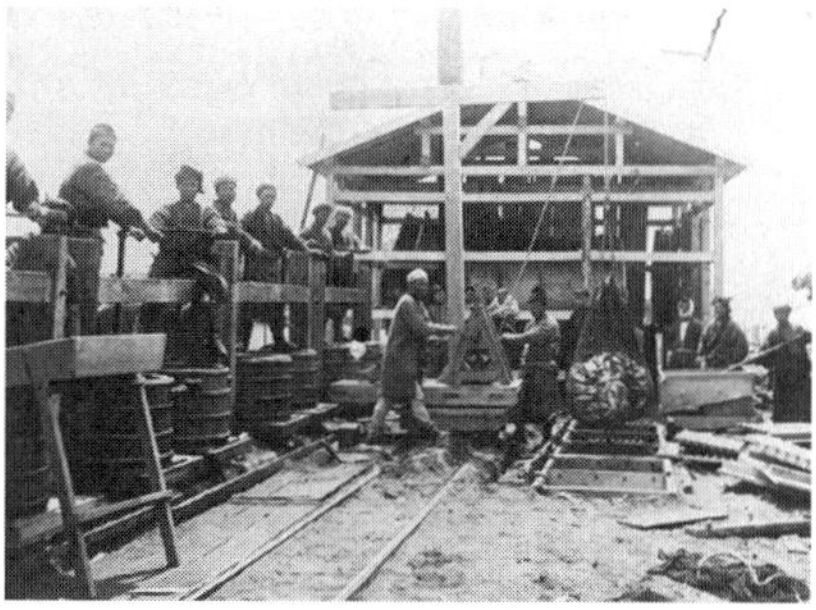
改良鰊搾粕製造

「あの人の言うことさえ聞いていれば、絶対に間違いない」

常に皆のことを考え、工夫を凝らして自ら実践する伝七に、村民は絶大な信頼を寄せるようになりました。伝七にとっても、彼らに笑顔が増え、以前より生活にゆとりもできたことが、何よりの喜びでした。

地元に水産組合と漁業組合が設立された時、当然伝七に、組合長の就任を要請する声が多く挙がりましたが、伝七は何度も丁重に断りました。

「私はまだまだ未熟者です。それに、研究や改良に忙しい身ですから」

そう言って断っていましたが、明治43年、初代水産組合長が亡くなって再び組合長に推挙されると、55歳で就任。さらに翌年には漁業組合長もかねて、次々と改革を行っていきました。

当時、2つの組合は、組合員の足並みがそろわず、事務処理さえもされていないため、ほとんど活動できない状態にありました。そこで伝七はまず、組合員たちを説得して組合費の未納金を納めさせ、借金を全額返済。こうして両組合の基本財産を増やして基盤を固め、共同積み立て制度をつくり、貸し付け方法や遭難救助資金の蓄積方法なども定めました。

続いて、水産物の製品改良にも乗り出します。商品の価格を安定させるために、数の子や白子の乾燥、荷造り、魚粕を入れた俵の結わえ方も改善し、この地方で採れる昆布の採取期間を制限して、昆布の繁殖保護にも努めました。

その結果、これまで年間の収穫高が36トンほどにすぎなかった昆布が、3年後には倍以上の87トンまで増え、品質も向上していったのです。

「うん、味も形も随分と良くなった。この村の昆布の素晴らしさを、多くの人に伝えていこう」

そこで伝七は、当時、調味料以外には利用されていなかった小平産の昆布を、加工して販売することにしたのです。こうして明治45年、「磯の誉」と名づけた昆布の缶詰を、札幌の五番館、東京の北海道物産商会、さらに大阪や神戸など、販路を拡大して広く販売。すると、「磯の誉」は大好評を博し、飛ぶように売れたのです。

「みんな、うまいと言ってくれるのか？　こんな小さな村でつくったおらたちの昆布を……」

鬼鹿の村人たちにとって、北海道の小さな漁村の商品が、全国に販売されるなど、思いもよらなかったこと。これにより、日本海の荒波と格闘しながら細々と生きてきた人々に「誇り」が生まれ始めたのです。

留萌沖鰊漁

伝七の活動は、これに留まることはありませんでした。漁業にとって必要不可欠な気象観測用の器具を自費で買い入れ、組合に備え付けたり、警報信号柱を立てて、変化する気象の動きを組合員に知らせたほか、暇を見ては、漁業や組合の発展のために必要な知識を、漁師の家一軒一軒に説いてまわりました。このような努力は、2つの組合長を辞めるまで10年間たゆまず続けられましたが、その一方で、天塩地方のニシン漁は、明治30年代を最盛期として、徐々に衰退の傾向を見せ始めていました。

「乱獲だ。何も考えずにほしいままに乱獲したわしらの責任だ……」

大正6年、伝七は、まだまだ現役と自らを奮い立たせ、新たに沖合漁業の道を歩み始めました。この地方で発動機船を導入したのは彼が最初であり、漁業の進むべき方向を見極めた、先見性のある投資でした。

「このままではやがてニシン漁は終わりを告げるだろう。その時、村の漁師たちが生きていくためには、沖合漁業に切り替える必要がある。だが、これまでニシンで生きてきた人たちが、簡単に受け入れるだろうか」

伝七は漁師たちの反対を覚悟したうえで、提案することにしました。

「将来ニシンはきっととれなくなる。その時、あんたがたの生活を助けるのは、沖合漁業だ。みんな、わしを信じて沖合の方へ方向転換してくれんか」

その言葉に漁師たちは一瞬静まり返りましたが、すぐに答えを出しました。

「親方が勧めることに間違いなんか、今まで一度でもあったか？　あんたはわしらの幸せのために一生懸命働いてくれた。みんな、心の底から感謝しとる。これから、わしらみんなで沖合の勉強をさせてもらうよ。またよろしく頼む」

「みんな、わかってくれるのか。ありがとう……」

伝七の目から熱い涙が溢れました。こうしてニシンが完全に獲れなくなるわずか前、沖合の漁具や漁船の改良などを教わった鬼鹿村の漁師たちは、皆無事に方向転換することができたのです。


43歳で4代目・花田伝七を襲名してから24年間、ひたすら地元と北海道の漁業の発展のために力を尽くしてきた伝七は、大正10年、66歳で組合長の職を辞しました。彼が年月をかけて再建させた組合は、その後も長く漁民たちの暮らしを安定させました。

一方、彼の資産は、土地・家屋を含め、現在の金額にして10億円相当にのぼっており、引退後も豪勢な生活が約束されていました。しかし彼はその財産を、村の発展のために使い続けました。

古い道路には、人手や材料を提供したうえで自ら先頭に立って補修に努め、小学校の新築の際には多額の資金を寄付し、さらに人夫１００人の賃金を負担しました。また、貧しい家庭の児童には学用品を支給するなど、子どもたちの教育にも力を尽くしました。

さらに、伝七が力を注いだのが消防活動でした。日本海沿岸に位置する鬼鹿村は、風の強い日に火の手があがれば、たちまち延焼する恐れがあり、以前から消防施設の設置が叫ばれていました。そこで伝七は、ポンプ車1台、火の見やぐら、半鐘といった消火活動に必要な設備資金を全て寄付し、私設の消防隊を組織したのです。この数々の慈善事業のおかげで、貧しかった村は徐々に暮らしやすい漁村となっていきました。

昭和にはいると、天塩地方はいよいよニシンに見放され始めましたが、鬼鹿村では、沖合を営む漁師たちによって相変わらず安定した静かな暮らしが続きました。

「昔この日本海はニシンが群来ると、青い海が白子で真っ白になったんじゃ。鰊のうろこが太陽に反射して、海面で白くキラキラ輝くんだ。それは見事な光景だった。皆、春が待ち遠しくてたまらなかったもんじゃよ」

孫に昔話をするのが何より楽しみだった花田伝七は、穏やかな晩年を過ごしたのち、昭和13年、84歳の生涯を地元で終えました。

この年、全道におけるニシンの漁獲高はわずか1万2千8百トン。そして昭和30年、利尻・礼文で4万トンの漁獲を最後に、ニシンは日本海沿岸からその姿を消しました。

激動のニシン隆盛時代を、大網元として誇り高く生き抜き、生涯をかけて村の発展と北海道漁業界のために尽くした4代目・花田伝七。

明治38年に建築された旧花田家番屋は、道内で現存する番屋では最大規模を有する木造家屋として、日本最北端の国指定重要文化財となりました。その豪壮な空間は、一世紀を経た今も、ニシン漁の栄華の歴史を伝えています。

そしてまた、一時は姿を消していたニシンも、ここ数年、日本海を中心に北海道沿岸で年間4600トンの水揚げが記録されており、漁業関係者たちによるニシンを絶やさない努力が続けられています。

安《あ》達《だち》 喜《き》幸《こう》

1827～1884

豊平館、時計台、そして北大第二農場のモデルバーン。これらは札幌の街の詩情を伝え、札幌市民に長く親しまれてきた明治建築物です。この設計を手掛けたのが、開拓使御用掛、安達喜幸でした。

札幌市中央区、中島公園内にひそかに佇む豊平館は、２０１０年の12月に築１３０年を迎えました。

北の大地に舞い降りる美しい雪の結晶を思わせるような白い外壁、それを縁取るウルトラマリンブルーは、幸せを呼ぶ宝石、ラピスラズリから造られた高貴な色です。

この建物は、明治13年、現在の北１条西1丁目に開拓使が建造したもので、官営では日本初の高級西洋ホテルでした。この設計を請け負ったのが、開拓使工業局営繕課御用掛、安達喜幸、53歳でした。

熟練した技と仕事への熱意は誰もが認め、この豊平館の着工が計画された時、開拓使上層部やお雇い外国人全員が「設計者は安達しかいない」と、口をそろえて言いました。安達自身もまた、豊平館にかける思いはひとしおで、これを人生の集大成として、ありったけの知識と能力をかけて建築にあたり、そして完成から4年後、命を燃やし尽くしたのです。


安達喜幸は1827年、江戸の安槌家で誕生。生家は名字に、金槌の「槌」の字を用いることからも、代々大工棟梁の家系でした。

生粋の江戸っ子として育った彼は、幼いうちから現場に出て、棟梁である父から江戸の建築技術を叩きこまれました。また成人後、時代が江戸末期に突入すると、西洋文化が押し寄せた横浜で、洋風建築物の技術を学び、建築士としての実績を重ねていきました。

そして明治維新後、その優れた技術と卓越した頭脳は明治新政府にも注目され、明治4年、44歳の安達は、工部省会計局営繕方を命じられます。

工部省は、前年に設置された明治政府の中心的な官庁のひとつで、彼が採用された会計局営繕方は、政府の建築工事を担当する重要な部局。薩長藩出身者や戊辰戦争の功労者が政府首脳を占める中、ここに民間人が抜擢を受けたのは、異例中の異例でした。

安達喜幸が工部省入りをした明治4年は、北海道にとっても歴史的な年となりました。開拓長官・黒田清隆が、アメリカ政府に北海道開発の指導者の推薦を求め、来日した農務局長のホーレス・ケプロンとともに、アメリカ式農法や欧米文化をふんだんに取り入れた、北海道の開拓使10年計画を華々しくスタートさせたのです。

この時、黒田とケプロンが打ち出した方針は、日本の伝統的な生活文化を遮断し、文明開化を北海道で実現させようというものでした。

ケプロンは「移住民を定着させるためにも、極寒の地である北海道の建築物は、従来の日本家屋ではなく、断熱性に優れた暖かい造りの洋風建築とする」と提言。現在北海道の各家庭で使用されている外壁の二重構造や、ガッシリとしたガラス窓は、まさに当時のアメリカにおける洋風建築物そのものでした。

この10年計画を成功させることは、黒田の政治家としての生命線でもあり、そのため黒田は、この建築事業に異常とも言える執念を燃やしていました。

こうして、翌明治5年以降の開拓使の建築物は、全て洋風建築に切り替えられることになりました。黒田の最重要指令で、これら建築物の設計を担える優れた人物を早急に探し始めた開拓使は、工部省に勤める一民間人、安達喜幸の存在を知ったのです。

安達は開拓使から強い要請を受けて、工部省に入局してからわずか3カ月で開拓使御用掛に転じ、札幌に赴任。月給は50円という、当時の判任官最上級に相当する破格の金額でした。

その待遇は、建築技術者として最上位に位置するものでしたが、開拓使全体の役人の中でも、安達より月給が多かったのは、わずか2〜3人しかいませんでした。それほど彼の技術力に期待が寄せられていたのです。

安達の最初の腕の見せ所は、明治5年から6年にかけて建築された、札幌本府でした。札幌本府は明治2年に、島義勇判官が仮本府をつくり、そこを開拓使の運営場所としていましたが、今回は黒田とケプロンによる、建築近代化理念のまさに最初の実験。これが成功すれば、政府に対する開拓使と黒田の面目は保たれるのです。

「どんなに言葉で言っても何も伝わらん。人にわからせるにはまず見せることじゃ！　安達よ、新天地・北海道を象徴するような、すごか建物を頼むぞ」

「お任せください、黒田閣下」

当時、日本には「建築家」という職業は存在せず、設計から施工まで全てが大工棟梁の腕にかかっていました。開拓使にしても、お

開拓使札幌本庁舎

雇い外国人の技師に、建築の専門家は誰ひとりおらず、日本人の大工が、お雇い外国人の説明だけで、まだ見たこともない洋風建築物を建築するには、相当高い技術が要されました。それを実践し、主席建築技術者として、チームの指揮を執ったのが、安達喜幸だったのです。

開拓使の中で最大規模の建築物となった札幌本府、警察署、病院、官舎、外国人宿舎などが、安達の設計と指揮によって一斉に建てられてゆき、草創期の札幌の街には、槌音が高らかにこだましました。こうして完成したアメリカ風木造建築様式は、札幌の住民たちの度肝を抜くほど壮観に仕上がり、安達の優れた手腕は、北海道の大地で証明されることとなりました。

なぜ、安達が外国人技術者たちの簡単な説明で、それを見事に再現できたのか。それは、法隆寺の五重塔のような世界最古の木造建築物が、他に類を見ない高度な技術と現代でも証明されているように、日本伝統の木造建築技術の修業を積んだ安達にとって、新しい技法を生み出すことは、さほど困難なことではありませんでした。

安達は、外国人技術者の助言を正確に把握したうえで、単なる洋風建築の真似ごとではない、日本らしさを残した独自の高度な技術を、短期間のうちに築きあげていったのです。

以降、安達は開拓使の建築事業において、全ての設計を手掛けました。明治10年には、前年建てられたばかりの札幌農学校の農場模範家畜房、通称「モデルバーン」を建築。これはクラーク博士が、アメリカのマサチューセッツ農科大学の農園を再現させたもので、当時、牛舎では46頭の牛が飼われ、2階は牛の餌の貯蔵庫として使用されました。安達がクラークの意図を正確に汲みながら完成させたこのモデルバーンは、現在、我が国最古の洋式農業建築物と言われています。

続いて翌年には、札幌農学校の演武場、現在の時計台を設計、建築。2代目教頭のホイラーが構想を練り、それを安達が形に表しました。1階部分は研究室や標本展示室、2階は体育館の役割を担い、さらに3年後の明治14年には、時計塔を設置し、札幌のシンボルとして、人々に愛されていました。

他にも安達は、建築工事のみならず、土木工事の設計、監督も担当しました。彼が関与した最大の土木工事に、豊平橋の架設があります。豊平橋は、明治初期における洋式の木造トラス橋として、日本の土木史上に残る貴重建築物と言われました。

こうして、札幌の街並みを美しく彩る洋風建築物を次々と手掛けた安達でしたが、明治11年、彼の人生の集大成となる最大の仕事が舞い込みます。それが、彼の代表作となり、現在、国の重要文化財に指定されている、豊平館だったのです。

明治初期、建物の少ない札幌の街には、政府高官やお雇い外国人があふれていました。開拓使は官営の旅館を建設し、それを彼らの宿舎にあてましたが、開発が急速に進む中、明治10年代に突入すると、ついに旅館の収容人数が追いつかなくなります。そこで黒田清隆は、新たな宿泊施設の建設かつ、開拓使の威信を示す手立てとして、これまでの日本には見られない高級西洋ホテルを建てようと計画したのです。

「安達喜幸、お主を、官営ホテルの主席建築技術者に任命する。開拓使にとってもこれがまさに正念場じゃ。安達よ、これまでの人生で培った建築技術を、あますところなく凝縮させて仕上げてくれ」

「身に余る光栄です。職人人生をかけて、この大任を務めます」

明治11年、開拓使は51歳の安達に、我が国初の官営による高級西洋ホテルの建築を命じました。

「今回は、これまでの建築物のようにはいかない。この大事業を成功させるためにも、慎重に慎重を重ねて取り組まなければ……」

安達は、お雇い外国人がアメリカから持ち込んだ膨大な資料をもとにし、またロシアに駐在している元・開拓使官員、榎本武揚からも、ロシアのホテル建築に関する具体的な資料を取り寄せ、研究に励みました。

しかし安達自身、この50年の人生で、ホテルに宿泊したこともなければ、厨房などの裏方の部屋をのぞいたこともありません。しかも手掛けるのは、これまでにないほどの豪華絢爛な建物なのです。全ては想像力が勝負でした。

安達は、図面には描けない工事の手順、方法、材料の品質などを事細かに考案し、苦心と奮闘の末、数ヵ月後には早くも設計を完成させました。

次は、この設計図を正確に実現できる、優秀な大工棟梁を選ぶこと。安達は迷うことなく、これまでともに開拓使の建築物を手掛けてきた大岡助《すけ》右衛門《えもん》を任命しました。

大岡助右衛門は、安達と同じく江戸で大工の修業を積み、優れた技術を買われて、箱館五稜郭工事の際には、大工頭に抜擢されるという実績を持った男でした。これまで安達と二人三脚で歩んできた大岡にとって、このホテル建設が安達の人生をかけた仕事なら、それは自分にとっても同じこと。

「ただの洋風建築物にはしたくない。外観は西洋風でも、日本人の和の心を刻んだ趣向を凝らしたい」という安達の思いを実現すべく、大岡は自ら東京へ出向いて、大工職、石工、左官など、選りすぐりの職人を集め、建設に取りかかりました。

建築中の豊平館

さらに、このホテル建設にあたっては、豊平川上流から木材を伐採させ入念に乾燥させる作業のほか、石切山の調査や採掘、そして搬送など、様々な作業工程がありました。

このホテルの総工費は現在の金額にしておよそ150億円。安達と大岡の指揮のもと、この世紀の大建築物のために、腕の良い大勢の職人たちが心血を注いで造り上げていった、まさに血と汗と涙の産物でした。

こうして明治13年、人口1万人に満たない札幌の中心部に、白亜の洋館が誕生しました。

円形のバルコニー、ギリシャ風の玄関、赤いじゅうたんが敷きつめられた長い階段、そして前庭には大きな池をたたえる見事な日本庭園。白で統一された外壁を縁取るのは、清涼感を与えるウルトラマリンブルーが使われました。

内部に入ると、設計者・安達喜幸が趣向を凝らした和風モチーフがふんだんに施され、最重要部ともいうべき天井の飾りには、モミジ、ラン、ウメ、ユリ、シャクヤク、ツバキなど、典型的な日本文様が刻まれました。

豊平館

アメリカ建築様式と日本古来の建築技法を見事に調和させたこのホテルは、豊平川の清流にちなみ、札幌が豊かで平和に発展するようにと願いを込めて「豊平館」と名付けられました。

関係者たちの多くの思いが詰まった豊平館は、最初の宿泊客を迎えました。その客とは、北海道行幸中の明治天皇でした。

「今日、天皇陛下が、俺たちが作った豊平館にお泊りになっている。お気に召していただけるだろうか…」

そう考えるだけで安達たちは身が震える思いでした。

数日後、建物に関する天皇陛下の言葉が安達と大岡に伝えられました。欧米の気品と格調が漂いながら、なおかつ日本の伝統技術がふんだんに取り入れられており、大変な驚きと感動である、と。

これまでの苦労が報われたと、二人は手に手をとって感涙にむせびました。

豊平館が建てられた場所は、現在の札幌市民ホールがある北1条西1丁目で、その周辺には、演武場をはじめ、札幌農学校の校舎が

豊平館と創成川

並んでおり、さながらアメリカの街並みを再現したような光景でした。住民たちは皆足を止めてその景色を楽しみました。

しかしその一方で、豊平館が完成した翌年の明治14年には、開拓使廃止の手続きが進められ、明治15年、その歴史の幕は下ろされます。

安達は、開拓使の継承機関である農商務省の北海道事業局に転属し、引き続き北海道の主要建築物の設計・施工に携わりました。

この年の秋から、根室県庁舎新築の準備にあたり、設計のために根室に出張しますが、これまでの疲れが一気に吹き出したのか、出張中に病に倒れます。

「まだ死ぬわけにはいかない。根室県庁舎の完成を見るまでは……」

しかし、本人の願いもむなしく再起を果たせないまま、病に倒れて1年後の明治17年正月明け、家族が住む東京で亡くなりました。享年57。

明治初期の洋風建築家として、抜群の力量を持ち、日本の代表的な建築家の一人として、確固たる地位を占めた安達喜幸。人々は彼の死を惜しみ、彼を思う時、真っ先に豊平館を代表作として浮かべました。

明治天皇を最初の宿泊客に迎えた豊平館。これによって黒田長官は面目を施し、格式もグンと高くなりましたが、このことが、豊平館の命運に大きな影響をおよぼしていきます。

「陛下がお泊りになった豪華ホテル」は、民間人はおろか、上級役人でさえもおそれ多くて泊まることができなくなってしまったのです。

豊平館の利用方法に困った開拓使は、開館からわずか2ヵ月後、原田伝弥《でんや》という一民間人に、建物の無償貸し付けを行いました。原田はこの豊平館で西洋料理店を開業し、さらに玉突き台を備えてビリヤードも同時営業。さらに、のちの北大総長、佐藤昌介《しょうすけ》の提案で、結婚披露宴に力を入れるようになっていきました。

大正時代に入ると、札幌の発展とともに、式典・大会会場の需要が高まったため、豊平館は市の中心部にある公会堂として、各種式典の場に利用されました。これまで敷居の高かった豊平館に、札幌市民が足を運ぶ機会がようやく訪れたのです。

その後、第二次世界大戦では飛行第一師団司令部の庁舎として利用され、戦後は日本陸軍に代わってアメリカ進駐軍に接収されました。さらに、三越デパートが進駐軍の宿舎になると、豊平館の建物が、三越デパートの仮店舗となりました。

昭和22年、進駐軍が引き揚げようやく接収が解除されましたが、この数年間で豊平館が受けた損傷は多大で、豪華を尽くした家具や敷物、カーテン、照明器具全てが失われ、また、三越時代には、お客の下駄の金具で床板や階段が傷んでしまいました。

市では戦後の財政難の中でも、札幌が誇る文化財をなんとか守ろうと、補修費用を捻出。その後昭和32年、新しく建設される市民会館に敷地を譲るため、豊平館は解体され、現在の中島公園内に移設されました。


その際、それまでわからなかった、建物内部の構造が初めて明らかになりました。1階の食堂と2階の宴会場の床構造は、特殊な素材を隙間なく並べており、ダンスパーティーが催されることを想定して、がっしりとした工法で造られ、壁の間に土壁を挿入して防寒に備えていたのです。

さらに斬新なデザインで目を奪われがちな階段の取り付け部分も、極めて高度な建築技術を用いていることが判明しました。それらは、現代の技術や知識でも容易にできないほどの巧妙さで、人々は改めて設計者・安達喜幸をはじめとする、明治の職人たちの水準の高さを認識させられたのです。

その後、建築当時の姿に近い形で復元された豊平館は、昭和39年に明治の歴史的建築物として国の重要文化財に指定されました。現在は、市営の結婚式場として市民に広く利用されています。

安達喜幸が半生を捧げて築き上げた洋式の建築技術は、北海道官庁建築技術の基盤となり、やがて道内の一般建築にも浸透していきました。そういった意味で、彼は、現在の札幌の都市景観に大きな影響を与えた先駆者と位置づけられるでしょう。

明治、大正、昭和、そして平成の世を、札幌の歴史とともに歩んだ豊平館は、美しいウルトラマリンブルーの輝きと、安達喜幸の匠の技を、今に伝えています。

北海道鉄道物語

明治13年、幌内炭鉱の石炭を本州に運ぶ目的で、日本で4番目という早い時期に国策によってつくられた、北海道の鉄道。以来、年々路線を拡張し、それに伴って村ができ、人口が増え、産業も発展してきました。北海道の歴史とともに歩んだ北海道鉄道物語です。

かつて北海道の隅々にまでくまなく伸びていた、鉄道路線。人を運び、物を運び、その地に入植した人々の生活をしっかりと支え続けました。しかし本来、北海道の鉄道は、人間の移動のためにつくられたものではありませんでした。炭鉱から石炭を運び出す輸送手段として考案されたものだったのです。

そのきっかけとなったのは、明治元年冬。石狩に住む造材夫、木村吉太郎が、建築用の木材の切り出しのため、空知地方・三笠の幌内付近の山へ入った際、黒光りする石の塊に気づきました。

「なんだこりゃあ。きれいな石じゃあ。キラキラ光っておるぞ」

木村は珍しい石の塊を持ち帰り、仲間たちに見せ回りました。

「黒光りする石があるって？　うーむ、それは外国船に使われている石炭のことじゃないか？」

人づてにその噂を聞いた札幌の早川長十郎は、木村が見つけたという場所へ探しに出かけました。

「やっぱり石炭だ。誰もこれを知らんのが幸いした。こりゃ、お役人に知らせたら一儲けできるかもしれんぞ」

当時の開拓使に、石炭の正体を知る者は一人もいませんでした。しかし、偶然にもこの年、榎本武揚が開拓使に仕官し、鉱物調査を始めたばかりでした。榎本武揚は箱館戦争の旧幕府軍の指導者で、幕末にオランダ留学を果たした経験から、外国の産業について豊富な知識を持っていました。

「おお、これは間違いなく石炭だ。しかも、肥前の高島産にも劣らない良質な石炭だ。早川といったな、よくぞ知らせてくれた。誰かこの者に褒美を取らせよ」

この世紀の発見により、早川は報労金をもらったうえ、開拓使雇いに採用されるという破格の扱いを受けたのです。

この頃、開拓使は、外国から様々な学者を招き、北海道の開発に着手していました。榎本から石炭発見の報告を受けた、アメリカ人地質学者のライマンは、さっそく幌内で実地調査を行います。これにより、極めて上質で、埋蔵量の多い炭層の存在が初めて確認されたのです。

開拓使はさっそく大規模な炭山開発に乗り出すことにしますが、ここで問題となったのが、石炭の輸送方法でした。運河、馬車道など様々な案が検討された中で、最終的に行き着いたのは、鉄道の敷設。幌内から札幌を経由し、小樽港まで鉄道を敷く方法でした。

当時、小樽から札幌までの物資の輸送路というと、船で石狩湾に入り、茨戸に到着後、札幌中心部まで流れる伏古川を下るという水運中心の行程でした。しかしこれでは川が凍る冬期間、札幌の物資は不足がちになり、輸送にも多額の費用が掛かるため、物価が高騰し、人々の生活を苦しめることになっていたのです。

「よし、政府に鉄道敷設の予算をつけてもらうばい」

「しかし黒田閣下、時期尚早なのでは。まだ大都市にしかないものを、こんな人口の少ない北海道などに……」

「なあに、炭田開発の理由付けがあれば、政府も断る理由はなかと」

黒田は政府要人を幌内炭山に招いて、鉄道敷設の重要性を説きました。明治初期、政府は北海道をエネルギーの宝庫と捉えていました。国力を上げ、外国の産業に追いつきたい新政府にとって、幌内炭山は、宝の山に等しい大発見だったのです。

黒田のもくろみは功を奏し、政府は鉄道敷設のため150万円の予算化を発表。しかし、問題はなおも山積みでした。朝里―銭函間の断崖絶壁に、どのようにレールを敷くかの結論が出ていなかったのです。

この局面を打開するため、黒田はアメリカから専門家を呼び寄せることにします。この時、白羽の矢が立てられたのが、36歳の鉄道技師クロフォードでした。

「クロフォード君、君が手掛ける鉄道は石炭輸送を目的とするものだ。すなわち、日本の将来がこの鉄道敷設の成功にかかっとるばい。なんとしてでもやり遂げるのだ」

「イエス、おまかせください」

クロフォードは幌内から小樽までのルートの測量を行いながら、同時に難所と言われる朝里―銭函間の実地測量も行いました。

「そうか、これまでこの区間に道路すらできなかったのは、波風に耐える工事方法を日本人が知らなかったからだ。波の届かない高さにレールを敷いて、排水溝をつけて、がけ崩れを防げば不可能ではない」

クロフォード

クロフォードの出した緻密な調査報告を受けて、明治12年、開拓使はいよいよ幌内鉄道の工事に着手。それは、東京、大阪、京都に次ぐ、国内4番目となる鉄道工事でした。

本州の大きな都市でつくられた鉄道が、人と物資を運ぶ役割なのに対し、北海道の鉄道は、石炭を積み出す目的でした。三笠の幌内炭鉱から小樽港、そして本州へと運ぶ、まさに国家をかけた一大プロジェクトだったのです。

工事には一日千人以上の人夫が駆り出され、一日1マイル、約1・6キロと、驚異のスピードでレールが伸びていきました。東京の新聞もこれを大きく取り上げ、日本中が北海道の鉄道工事の行方を見守りました。

この鉄道工事とあわせ、クロフォードはアメリカから最新式の機関車2両を買い付けます。機関車の外観は、煙突がダイヤモンド型で、大きな鐘が吊るされているのが特徴で、客車にはトイレとストーブも設置されているなど、本州の機関車よりも格段に進歩した設備が取り付けられていました。

こうして明治13年1月に始まった、札幌―手宮間35キロの建設工事は、わずか11ヶ月という短期間で完成。この年の11月28日、運転式が盛大に行われました。

第1号機関車義経号

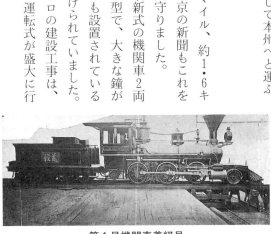

この日、札幌駅には、朝から開拓使の関係者や一般住民らが興奮を抑えきれない様子で待ち構えていました。

「来たぞ！　あれが弁慶号だ！」

弁慶号が長い汽笛を上げ、カラン、カランと鐘を鳴らしながら見えてくると、黒山の人だかりからは大きな歓声があがりました。北海道初の鉄道の誕生を、人々は心から喜び合ったのです。

それから2年後には、札幌から幌内までの線路敷設も無事終了し、さらに明治16年に開拓使本庁広場で行われた「幌内鉄道開業式」には、東京から皇族をはじめ多くの政府要人が訪れました。参列者は500人を超え、さらに一般の札幌住民も加わって、広場は身動きが取れないほどの人で埋め尽くされました。

その場にいた誰もが、この鉄道の開業が、北海道の発展に大きな役割を果たしてくれることに期待していました。

第２号機関車弁慶号の試運転

開業したばかりの頃の幌内鉄道は、一日1往復のみ。発車時間は定められておらず、石炭を積み終わると片道5時間かけてゆっくりと小樽まで走りました。一方、二次目的である乗客の運賃は、上等席が1円、下等席でも40銭。もりそば一杯が1銭だった当時にあって、列車は庶民には手の届かない存在でした。それでも列車の走る姿見たさに、多くの人々が線路沿いに集まり、日を追うごとにその数は増えていきました。

その後、開拓使は「比羅夫号」「しづか号」など、アメリカから最新式の蒸気機関車6台を購入。ある年の冬、「義経」と「弁慶」が張碓トンネルで深い雪のため立ち往生した際、「しづか」が手宮から救援にかけつけ、無事に連れ帰ったという微笑ましいエピソードが、人々をより列車への憧れに駆り立てました。

こうして順調に滑り出したかのように思われた幌内鉄道でしたが、肝心の幌内産の石炭は、中央市場において予想していたほど売れませんでした。また、鉄道沿線の開拓が進まないため、乗客や貨物の利用も下火のまま。毎年のように赤字が出てしまい、やがて鉄道は頭の痛いお荷物になってしまったのです。

こうした状況を打破するため、行政に代わって運営を行ったのが、民間の鉄道会社でした。経営者たちが手腕を発揮したことにより、その後、鉄道の路線は一挙に伸び、北海道が発展する基礎ができあ

開鉱まもない頃の幌内炭山

がることになったのです。

明治19年、開拓使に代わる新たな機関として、北海道庁が誕生。炭鉱と鉄道は、道庁の所轄になりました。しかし、石炭の売れ行きは相変わらずの不振。鉄道が開業した明治13年から18年までの6年間で、若干収益があったのは2年間のみという有様でした。

これを誰よりも危惧していたのが、道庁理事官で、炭礦鉄道事務所所長を兼任していた村田堤《つつみ》でした。

「赤字の原因は、鉄道と採炭を同時に経営しているからじゃないだろうか。いっそ二つに分けて、民間に経営を任せてみてはどうだろうか」

そこで村田は官職を辞す覚悟で、道庁上層部に頼み込みました。

「赤字を食い止めるために、どうか私を石炭の売りさばきにあたらせてください。石炭だけに的を絞るならば勝算はあります」

「自信があるんだな。わかった。それほど言うのなら、君に石炭販売の一切を任せてみよう」

村田の意見を受け入れた道庁は、それまでひとまとめで経営していた鉄道と採炭業を分離することを決定。まずは、石炭を売ることを最優先とし、採炭を空知監獄署へ依頼。そして石炭販売は村田に委託します。一方の鉄道は、道庁管轄の鉄道事務所が運営するという方針を取りました。

これを機に、囚人の炭鉱労働が開始。国会で囚人の人権侵害が取り沙汰されるまで、囚人たちは命がけの苦役を強いられることになっていくのです。

一方で、晴れて石炭販売権を得た村田は、積極的な販売と販路拡大により、業績をみるみる伸ばしていきます。幌内産の石炭の評価は、中央市場で大きな高まりを見せ、石炭の採掘も追いつかないほどの繁盛ぶりとなりました。

「もはや幌内だけでは不足だ。幾春別の炭山も開坑しよう」

勢いに乗った村田は、次に幌内の隣、幾春別の炭鉱を開き、さらに鉄道も幌内から幾春別まで延長しようと考えます。

「新しい土地を開墾して、移住者を募ろうと思います。そのためにも、道には、産業の基盤となる炭山の開坑と、鉄道敷設の補助金をお願いしたい」

村田の申し出が、北海道の開発にとって有利になると考えた道庁は、村田に鉄道の請負も任せることにしました。

これを受けて村田は明治21年、「北有社《ほくゆうしゃ》」を設立。民間企業初となる鉄道運輸と石炭販売を始めます。しかし、小資本の北有社では、線路の改良や橋の改修工事まで手が回らず、次第に業績は悪化していきました。

この北有社の状況を見て、大資本による炭鉱鉄道会社設立の構想を密かに練る人物が現れました。村田が道庁を退職した後、後任として道庁理事官に就任していた、堀基《ほりもとい》です。

「幌内、空知、夕張、幾春別に石炭が豊富に眠っているのはわかっている。ここを全て開発して、空知から室蘭までの鉄道を敷いて、幌内鉄道とつなごう。そして石炭を小樽と室蘭の両港から搬出すれば、売り上げも2倍になるはずだ」

線路を室蘭まで拡張するため、堀はさっそく株主の募集をかけました。当時、日本は折からの鉄道投資ブーム。公家や旧藩主、財界人ら多数がこれに応じ、堀が社長となって、明治22年、「北海道炭礦鉄道会社」が設立されます。

通称「北炭」と呼ばれたこの会社は、北有社の赤字一切を補うかわり、幌内・幾春別炭山、幌内鉄道を北有社から引き継ぎ、それを母体として、夕張、空知、美唄の炭山開発と、鉄道の新たな建設工事を行いました。

さっそく鉄道工事が開始され、岩見沢―滝川間、室蘭―夕張間の鉄道が次々と開通。さらに、石炭搬出のために、桟橋の延長や港湾

北海道炭礦鉄道会社本社

設備も行うなど、積極的な事業を展開した北炭は、北海道一の大企業として、その後長らく君臨していくことになります。

また、これに伴い、鉄道沿線を中心に、本州からの入植者が激増。北炭は、機関車24両と客車43両を導入し、石炭搬出以外にも旅客重視の経営法を取り、入植者たちは交通に不便を感じることなく、その地に根付いていきました。


こうして空知地方の発展が著しい一方、釧路地方でも新たな動きがありました。明治20年、安田財閥によって、北海道で最初の私鉄である「釧路鉄道」が開業。これが後の釧網本線となります。

これよりさかのぼること2年前の明治18年、釧路集治監が標茶に開設され、約800人の囚人が送られてきました。この集治監設置は、活火山アトサヌプリでの硫黄採掘と、その硫黄を運ぶための、釧路と硫黄山を結ぶ鉄道と水運の整備が目的。囚人労働による鉄道工事はわずか7ヶ月で完了しましたが、この硫黄採掘にあたっては、半数近い囚人が病に倒れ、そのうち100人近くが命を落としました。

この囚人労働に強く反対したのは、赴任してきたばかりの集治監の責任者、大井上輝前《おおいのうえてるちか》。

「たとえ囚人であっても、人間の命を粗末に扱う苦役など言語道断！」

大井上は、安田財閥との契約が残っているにも関わらず、独断で契約を破棄し、囚人たちを引き上げさせました。こうして3年にわたる悪名高い硫黄山の囚人労働は終わりを告げたのです。

これによって、硫黄運搬専用だった鉄道は、一般運輸営業を始め、この地方に住む人々の貴重な交通手段となりました。


その後、明治中期になると、鉄道は国家的事業という観点から「鉄道敷設法」が公布され、本州の至る地方で鉄道工事が始まりました。ちょうど時を同じく、北海道でも旭川に屯田兵が入植し、上川地方の誰もが鉄道の開通を待ち望んでいました。

道庁も、全道主要都市を鉄道で結ぶ一千マイル構想を政府に陳情し続けたものの、人口の少ない北海道は除外され続けました。それが、4代目北海道庁長官、北垣国道《くにみち》の時代に、ついに実現。「北海道鉄道敷設法」が制定されたのです。

「鉄道建設こそ、北海道の開発事業の最大の急務である。早急に官設鉄道を敷くべきだ」

この時、北垣が白羽の矢を立てたのが、娘婿の土木技術者、田辺朔郎《さくろう》でした。

「道は、旭川―網走、それから函館―小樽間。北海道を東西南北に通す、一千マイル構想を練っている。だが、政府からは35マイル分の予算しかおりておらん。そこでだ、君には北海道の鉄道敷設の設計を担当してもらいたい。まず上川の35マイルが成功すれば、一千マイル実現の突破口になれると思うんだ」

当時、田辺は帝国大学（後の東大）の教授を務めており、道庁技師との地位は雲泥の差でした。しかし、北海道という新しい土地での挑戦に魅力を感じた田辺は、東大教授の地位を捨て、道庁技師となって新天地の開発に懸けようと決意したのです。

日本屈指の土木技師である田辺の統率のもと、明治29年、いよいよ空知太―旭川までの56キロの工事が着工。

「旭川は一千マイル鉄道が完成した時、必ずや鉄道の中心地となって、経済、産業の一大主要都市となるだろう。さて、次に北海道東部の鉄道起点をどこに設置するかだ。これが一千マイル構想のカギになる」

当時は、釧路、厚岸、根室の3ヵ所が激しい誘致合戦を行っていました。田辺はそうした住民の心情よりも、港との相互関係や奥地開発の状況から考えるべきとしたのです。

それまで、最有力候補は厚岸と囁かれていましたが、現地調査を行った田辺は、一漁村にすぎなかった釧路の将来性に着目。釧路を東部の起点に決定します。

さらに、釧路―根室、旭川―宗谷、雨竜―増毛、名寄―網走、そして小樽―函館と、田辺が実地調査に歩いた距離、じつに1600キロ。多くの困難の中で行った調査は、鉄道路線として決定され、田辺の設計のもと、北海道の国土づくりの根幹が次々と切り拓かれていくことになったのです。

そしてついに大正5年、北海道鉄道敷設一千マイルを突破。明治13年から行われた鉄道の延長工事が、37年間かけて達成されたのです。

札幌中島公園に設けられた特設会場では、大勢の関係者が、一千マイルを祝うとともに、それに伴う北海道の発展を喜び合いました。

その後も鉄道は、約1世紀にわたり、道民の足として、物資の輸送手段として、私たちの生活を大きく支えてきました。その間、多くの路線が廃止され、機関車もＳＬから電気と変貌を遂げましたが、道民の鉄道への思いは、今も変わってはいません。

平成28年3月には北海道新幹線の新青森―新函館北斗間が開業しました。青函トンネルは世界に誇る20世紀の大事業でしたが、北海道新幹線は、21世紀の大事業です。札幌駅までの延伸は、12年後の２０３０年の予定。近い未来、新たな鉄道時代が訪れようとしています。

北海道鉄道1000マイル記念祝賀会の札幌駅

北海道命名150年記念　ほっかいどう百年物語　上巻
参考資料・取材協力

＊五番館物語
「札幌百年の人びと」
札幌市史編さん委員会編　札幌市
「風雪の群像」
酒井勉著　日本農業新聞北海道支所

＊伊藤亀太郎
「伊藤組百年史」
伊藤組創業１００周年記念事業推進委員会編
「風雪の百年」北海道建設新聞社編・発行
「北の人脈」
毎日新聞社編　北海道出版企画センター
「開拓につくした人びと　４」
北海道総務部文書課編　北海道
「札幌百年の人びと」
札幌市史編さん委員会編　札幌市
協力　伊藤組土建株式会社

＊鈴木銃太郎
「鈴木銃太郎日記とその人々」
田所武編　柏李庵書房
「風雪の群像」
酒井勉著　日本農業新聞北海道支所

＊北の湖敏満
「大相撲大全集　昭和の名力士　五　横綱　輪島　北の湖」ＮＨＫ編
協力　株式会社北の湖企画　小畑とみ子氏
壮瞥町総務課

＊吉田貞次郎
「開拓の群像」
北海道総務部行政資料室編　北海道
「北海道開発にかけた人間ドラマとフロンティア精神」阪本一之著　須田製版

＊高江常男
「無常忍道」
高江常男著　社会福祉法人北海道光生舎
「執念の経営」
高江常男著　日本経営合理化協会出版局

協力　社会福祉法人北海道光生舎
理事長　髙江智和理氏
＊遠軽・カボチャ陳情団物語
「我が人生記録」市原多賀吉著
「水谷政次郎伝」水知悠之介著　新風書房
協力　遠軽町経済部商工観光課　中村康男氏
＊中川あき
「浦幌町史」浦幌町史編さん委員会編　浦幌町
「北海道開拓秘録」若林功著　時事通信社
「風雪の群像」
酒井勉著　日本農業新聞北海道支所
協力　浦幌町立図書館
＊ジュール・ブリュネ
「大君の刀」合田一道著　北海道新聞社
＊川崎静一郎
「笑って泣いて夢を見て」
札幌の明日を考える会編
「北海道開発功労賞受賞に輝く人々」
北海道総務部知事室道民課　北海道
協力　川崎真一氏　日本栄養食品株式会社
＊南雲総次郎
「北国に光を掲げた人々」北海道科学文化協会編
協力　北海道旭川聾学校
＊金成マツ
「北海道児童文学全集　第15巻」
加藤多一ほか編集委員　立風書房
「開拓につくした人びと　7」
北海道総務部文書課編　北海道
協力　北海道アイヌ協会副理事長　阿部ユポ氏
＊嵯峨　久
「開拓につくした人びと　5」
北海道総務部文書課編　北海道
協力　釧路市　釧路市中央図書館
＊松前藩物語～松前慶広と松前崇広～
「むかし話　北海道」
日本児童文学者協会北海道支部編　北書房
「北海道１０４人　人間の死に際」
合田一道著　北海道新聞社
「開拓の群像」
北海道総務部行政資料室編　北海道

協力　北海道アイヌ協会副理事長　阿部ユポ氏
＊ルイス・ベーマー
「ベーマー会会報」ベーマー会編
「リンゴの歩んだ道」
富士田金輔著　農山漁村文化協会
「お雇い外国人、ルイス・ベーマーの足跡」
森山祐吾著
協力　ベーマー会会長　加我稔氏
＊郡司成忠
「明治の群像8　開拓と探検」三一書房
「開拓につくした人びと　4」
北海道総務部文書課編　北海道
「日本人の冒険と探検」長沢和俊著　白水社
＊西川寅吉
「凍野の残映」
北海道ノンフィクション集団著　みやま書房
＊花田伝七
「開拓につくした人々　3」
北海道総務部文書課編　北海道

＊安達喜幸
「札幌百年の人びと」
札幌市史編さん委員会編　札幌市
「さっぽろ文庫　15　豊平館・清華亭」
札幌市教育委員会文化資料室編　北海道新聞社
「HTBまめほん　14　時計台」
遠藤明久著　北海道テレビ放送
「HTBまめほん　23　豊平館」
遠藤明久著　北海道テレビ放送
協力　札幌市時計台
＊北海道鉄道物語
「北海道の鉄道のあゆみ」
田中和夫著　北海道科学文化協会

写真所蔵一覧

キャプション	所蔵先・出典元
五番館物語	
五番館	札幌市公文書館
小川二郎	『家畜改良　牧草論』
ブリガム教授と札幌農学校学生一同	北海道大学附属図書館
五番館興農園	札幌市公文書館
小田良治	『札幌百年の人々』
デパートメント五番館	北海道大学附属図書館
伊藤亀太郎	
伊藤亀太郎	『伊藤組百年史』伊藤組土建株式会社
伊藤亀太郎（中央）と妻デン、母クニ、3人の子どもたち、右端が豊次	『伊藤組百年史』伊藤組土建株式会社
南小樽駅付近の石積み工事（前列左から3人目が伊藤亀太郎）	『伊藤組百年史』伊藤組土建株式会社
旭川第七師団司令部	『伊藤組百年史』伊藤組土建株式会社
開道五十年記念北海道博覧会　北極塔	『伊藤組百年史』伊藤組土建株式会社
田中銀次郎	『伊藤組百年史』伊藤組土建株式会社
鈴木銃太郎	
鈴木銃太郎	帯広百年記念館
依田勉三	帯広百年記念館

晩成社移民団	帯広百年記念館
渡辺勝	帯広百年記念館
渡辺カネ	帯広百年記念館
北の湖敏満	
北の湖敏満	北の湖記念館・壮瞥町
十両昇進	北の湖記念館・壮瞥町
大関昇進	北の湖記念館・壮瞥町
昭和52年9月　9回目の優勝	北の湖記念館・壮瞥町
昭和59年　夏場所	北の湖記念館・壮瞥町
理事長時代	北の湖記念館・壮瞥町
吉田貞次郎	
吉田貞次郎	上富良野町教育委員会
被害の様子	上富良野町教育委員会
腰まである泥流に覆われた村	上富良野町教育委員会
路上に卓を囲み緊急会議	上富良野町教育委員会／『十勝岳爆発災害誌』十勝岳爆発罹災救済会編
俵会議	上富良野町教育委員会／『十勝岳爆発災害誌』十勝岳爆発罹災救済会編
大正泥流の埋もれ木	上富良野町教育委員会
高江常男	
高江常男	社会福祉法人北海道光生舎
昭和26年頃の赤平市街	社会福祉法人北海道光生舎

昭和29年　地元新聞の記者時代	社会福祉法人北海道光生舎
記者時代	社会福祉法人北海道光生舎
労働金庫赤平支店	社会福祉法人北海道光生舎
昭和31年　創業当時のクリーニング工場	社会福祉法人北海道光生舎
北海道光生舎	社会福祉法人北海道光生舎
平成11年5月　春の叙勲で勲五等瑞宝章を受章	社会福祉法人北海道光生舎
文字は口に筆をくわえて書く	社会福祉法人北海道光生舎

遠軽・カボチャ陣情団物語

遠軽・カボチャ陣情団	遠軽町教育委員会
市原多賀吉	遠軽町教育委員会
水谷政次郎	遠軽町教育委員会
カボチャ陣情団遠軽駅出発記念	遠軽町教育委員会
東京朝日新聞　大正13年11月14日	遠軽町教育委員会
石北線開通当時の時刻表	遠軽町教育委員会

中川あき

中川あき	浦幌町立博物館
中川北松	浦幌町立博物館
生剛村外二村戸長役場	浦幌町立博物館
昭和50年頃の中浦幌駅逓所の建物	浦幌町立博物館
下浦幌原野開拓の様子	浦幌町立博物館
浦幌駅開業の様子	浦幌町立博物館

ジュール・ブリュネ

ジュール・ブリュネ	函館市中央図書館
大鳥圭介	函館市中央図書館
榎本武揚	函館市中央図書館
フランス軍士官と旧幕府脱走軍士官	函館市中央図書館
土方歳三	函館市中央図書館

川崎静一郎

川崎静一郎	川崎真一氏
札商5年生の時　右から2人目が川崎静一郎	川崎真一氏
短距離ランナーとして活躍した頃	川崎真一氏
日本栄養食品株式会社　新聞広告	川崎真一氏
スープベースに力を入れた創業当時の車	川崎真一氏
聖火を抱いて札幌へ　中央のブレザーを着た2人目が川崎静一郎	川崎真一氏
川崎静一郎記念陸上競技大会　表彰式	川崎真一氏

南雲総次郎

南雲総次郎	北海道旭川聾学校
妻ヤエと生徒たち	北海道旭川聾学校
旭川盲唖学校	北海道旭川聾学校
昭和8年の旭川盲唖学校	北海道旭川聾学校
妻ヤエと総次郎	北海道旭川聾学校

金成マツ

金成マツ	『アイヌ叙事詩ユーカラ集Ⅰ』
知里幸恵	『アイヌ神謡集』
アイヌ神謡集	『アイヌ神謡集』
ユカラ集ノート	『アイヌ叙事詩ユーカラ集Ⅰ』
アイヌ叙事詩ユーカラ集　PON　OINA　小伝	『アイヌ叙事詩ユーカラ集Ⅰ』

嵯峨　久

嵯峨久	『釧路機船漁業協同組合史』
釧路市街　明治43年	北海道大学附属図書館
釧路新聞　大正15年3月8日（第6888号）	釧路市中央図書館
北橋詰の魚菜市場　昭和7年	釧路市／『目で見る釧路』市制70周年
釧路港のマグロ	釧路市／『目で見る釧路』市制70周年

松前藩物語～松前慶広と松前崇広～

武田信広	北海道大学附属図書館編／『明治大正期の北海道（写真編）』より転載
松前慶広	松前町郷土資料館
松前崇広	松前町郷土資料館
市川一学	北海道大学附属図書館編／『明治大正期の北海道（写真編）』より転載
松前城	北海道大学附属図書館編／『明治大正期の北海道（写真編）』より転載

ルイス・ベーマー

ルイス・ベーマー	北海道大学附属図書館編／『明治大正期の北海道（写真編）』より転載
ケプロンとお雇い外国人たち	北海道大学附属図書館
ビール醸造所とホップ畑	北海道大学附属図書館
緋の衣　ラベル	余市水産博物館・余市町教育委員会
札幌にあった葡萄園	北海道大学附属図書館

郡司成忠

郡司成忠	『郡司大尉』
郡司大尉北航艇隊一行の記念撮影　明治26年3月22日	『郡司大尉』
白瀬矗	『郡司大尉』
パラムシル島における和田平八	『郡司大尉』
磐城	『郡司大尉』

西川寅吉

西川寅吉	月形樺戸博物館
樺戸集治監　明治14年	月形樺戸博物館
囚人の足につけられた鉄丸	月形樺戸博物館
樺戸集治監の丸太組独房	北海道大学附属図書館
寅吉直筆の書	月形樺戸博物館

花田伝七

花田伝七	『北海道立志編1』
大正初めの鰊漁場	北海道大学附属図書館

角網　『北海道漁業志』
鰊沖揚機械柱立桟橋　北海道大学附属図書館
改良鰊搾粕製造　北海道大学附属図書館
留萌沖鰊漁　北海道大学附属図書館

安達喜幸

安達喜幸　札幌市時計台
開拓使札幌本庁舎　北海道大学附属図書館
建築中の豊平館　北海道大学附属図書館
豊平館　北海道大学附属図書館
豊平館と創成川　北海道大学大学文書館

北海道鉄道物語

北海道鉄道物語　北海道大学附属図書館
クロフォード　北海道大学附属図書館
第1号機関車義経号　北海道大学附属図書館
第2機関車弁慶号の試運転　北海道大学附属図書館
開鉱まもない頃の幌内炭山　北海道大学附属図書館
北海道炭礦鉄道会社本社　北海道大学附属図書館
北海道鉄道1000マイル記念祝賀会の札幌駅　札幌市公文書館

北の大地に繰り広げられた先人たちの壮絶な生きざま!!

シリーズ1〜10集

ほっかいどう百年物語

北海道の歴史を刻んだ人々——。

STVラジオ編

■四六判

■定価:本体1,200円＋税

好評発売中

『ほっかいどう百年物語』シリーズ・インデックス

『ほっかいどう百年物語』

榎本武揚（えのもとたけあき）激動の幕末に蝦夷地共和国誕生のロマンを追い求めた

松浦武四郎（まつうらたけしろう）蝦夷地を北海道と名づけた探検家

黒田清隆（くろだきよたか）北海道の原点を築いた第3代北海道開拓長官

島　義勇（しまよしたけ）札幌の町を碁盤の目に区画整理した初代開拓使判官

岩村通俊（いわむらみちとし）ススキノに遊郭を作った2代目開拓使判官

村橋久成（むらはしひさなり）サッポロビールの前身、開拓使麦酒醸造所の建設責任者

高田屋嘉兵衛（たかだやかへえ）江戸時代後期に函館を拠点に北方漁業で活躍した商人

美泉定山（みいずみじょうざん）定山渓温泉を発見した岡山県出身の修行僧

ウィリアム・スミス・クラーク「少年よ、大志を抱け」で有名な北海道のシンボル的な人物

ホーレス・ケプロン　黒田清隆に熱望され来道した北海道開拓構想の推進者

エドウィン・ダン　ケプロンに見いだされ北海道の農業開発に大きく貢献

新渡戸稲造（にとべいなぞう）札幌農学校卒業後、教育を通して多くの若者に影響を与えた

石川啄木（いしかわたくぼく）岩手県出身の天才詩人で、北海道放浪後27歳で夭逝
月形　潔（つきがたきよし）月形町にあった樺戸監獄の初代典獄（現在の刑務所長）
荻野吟子（おぎのぎんこ）明治時代、我が国初の女性医師となり瀬棚町に医院を開業
依田勉三（よだべんぞう）静岡県伊豆出身で晩成社を興した「十勝開拓の祖」
渡辺カネ（わたなべかね）依田勉三らとともに、十勝開拓に一生を捧げた女性
中村千幹（なかむらちから）富良野の地を原始林から開拓した「富良野市のコロンブス」
丹羽五郎（にわごろう）福島県出身、現在の瀬棚郡北桧山町丹羽地区で町づくりに貢献
今井藤七（いまいとうしち）北海道を代表する百貨店、丸井今井デパートの創始者
佐藤昌介（さとうしょうすけ）北大初代総長、札幌農学校でクラーク博士の教えを受けた1期生
サラ・クララ・スミス　現在の北星学園を創設したアメリカ人女性宣教師
浅羽　靖（あさばしずか）北海道有数の歴史を持つ北海高校初代校長
有島武郎（ありしまたけお）ニセコ町の有島農場を小作人に開放した、白樺派の代表的な小説家
木田金次郎（きだきんじろう）有島の小説「生まれいづる悩み」のモデルとなった漁師画家
知里幸恵（ちりゆきえ）アイヌの叙事詩「アイヌ神謡集」を残したアイヌ民族最大の女流詩人
吉良平治郎（きらへいじろう）釧路町で郵便配達人として責務を全うし殉職したアイヌ民族

中山久蔵（なかやまきゅうぞう）北広島市島松町で北海道で初めて寒冷地稲作に成功
黒沢酉蔵（くろさわとりぞう）雪印乳業の創設者で北海道の酪農振興の基礎を作る
竹鶴政孝（たけつるまさたか）ニッカウヰスキーを興し、日本のウィスキーの父
松浦カツ（まつうらかつ）美深町の児童擁護施設「美深育成園」の創設者
ビクトル・スタルヒン　日本プロ野球界初めての外国人選手で我が国初の３００勝投手
三松正夫（みまつまさお）昭和新山誕生の全てを記録し続けたアマチュア火山学者
神田日勝（かんだにっしょう）鹿追町で農業を営みながら絵を描き続けた農民画家
武田斐三郎（たけだあやさぶろう）幕末の蘭学者で函館奉行所に仕えた五稜郭の設計者
岩元悦郎（いわもとえつろう）障害者教育に全てを捧げた帯広盲学校の初代校長
菊地トメ（きくちとめ）「北見のおばば」と呼ばれた北見国鉄職員独身寮の寮母
繁次郎（しげじろう）江戸から明治にかけて江差の鰊漁場で生まれた民話の主人公

続『ほっかいどう百年物語』

井上　清（いのうえきよし）札幌時計台を守り続けた時計職人
9人の乙女　樺太の真岡郵便局で自ら命を絶って職場を守った9人の女性たち
久慈次郎（くじじろう）日本初のプロ野球チーム、東京巨人軍の初代主将で往年の名捕手
カール・レイモン　函館でドイツ式製法によるハム・ソーセージを作り続けた「胃袋の宣教師」
小田豊四郎（おだとよしろう）六花亭の創設者で、十勝のお菓子を全国に広げた菓子職人
小泉秀雄（こいずみひでお）大雪山の山々を命名し「大雪の父」と呼ばれた植物学者
前田真三（まえだしんぞう）美瑛の丘の写真を撮り続け、美瑛町の風景を世に広めた写真家
梁田　貞（やなだただし）童謡「どんぐりころころ」を世に出した札幌出身の作曲家
砂澤ビッキ（すなざわびっき）巨木を素材に作品を製作したアイヌ民族の彫刻家
長野政雄（ながのまさお）暴走列車を止めるため我が身を投げだし乗客を救った国鉄職員
中谷宇吉郎（なかやうきちろう）人工雪を世界で初めてつくった科学者
三浦政治（みうらまさじ）釧路でアイヌ民族の子供たちの教育に心血を注いだ教育者
ジョセフ・ユリー・クロフォード　三笠市幌内小樽市手宮間の鉄道建設に貢献
相河了瑞（あいかわりょうずい）芦別の常盤に寺と学校を兼ねた草小屋を建てた住職

結城三郎（ゆうきさぶろう）盤渓小学校の名付け親で非業の最期を遂げた初代校長
大野精七（おおのせいしち）日本のスキー・スポーツ界、医学界に大きく貢献
井内憲次（いのうちけんじ）北海道で初めて盲導犬を育てた盲導犬訓練の第一人者
伊藤竹次郎・徳治（いとうたけじろう・とくじ）釧路の日本そば屋の老舗「竹老園」の店主
古谷辰四郎（ふるやたつしろう）「ウィンターキャラメル」で知られる古谷製菓の創業者
助川貞二郎（すけがわさだじろう）札幌に路面電車を開通させ、ササラ電車を発明した親子
テオドール・フォン・レルヒ　日本に初めてスキーを伝え、北海道のスキーの発展に尽くした
栗林元二郎（くりばやしもとじろう）「ジンギスカン料理の発祥地」八紘学園の創設者
川田龍吉（かわだりょうきち）上磯町で新種のジャガイモ「男爵いも」の栽培を成功させた
上林福太郎（かんばやしふくたろう）江差町で教師の域を超え地域のまちづくりに励んだ校長先生
内藤　晋（ないとうすすむ）戦後の日本スピードスケート界を代表する不運のアスリート
江差追分物語　北海道が誇る民謡、江差追分誕生の歴史
関　寛斎（せきかんさい）72歳にして徳島を離れ、陸別町の開墾と医療に尽くした医師
時計台の鐘物語　北海道代表する名曲「時計台の鐘」作詞・作曲者高階哲夫夫妻の物語
大久（おおひさ）タツとラーメン誕生物語　中華料理店の女性店主で「ラーメン」の名付け親

三軒のラーメン屋台　札幌ラーメンの基礎を作った屋台ラーメンの歴史
鶴岡トシ（つるおかとし）北海道文教大学の創設者で女子教育と寒地栄養研究の先駆者
保原元治（ほばらもとじ）夕張川治水工事の責任者で南幌町・長沼町の発展に寄与
中俣充志（なかまたみつし）市民に夢と希望を与えた札幌円山動物園初代園長
大石スク（おおいしすく）札幌に最初の保育園「札幌保育園」を創設した女性
鎌倉兼助（かまくらかねすけ）松前町で私財を投じて桜を植え続けた「花咲じいさん」
比護与三吉（ひごよさきち）札幌駅で次々と新しい弁当を生み出したアイディアマン
吉葉山潤之輔（よしばやまじゅんのすけ）道民を勇気づけた厚田村出身の「悲運の横綱」
滝上町・芝桜物語　芝桜に夢とロマンをかけた明治生まれの男たちの物語
永山武四郎（ながやまたけしろう）「屯田兵育ての父」と呼ばれた第2代北海道庁長官
米村喜男衛（よねむらきおえ）オホーツク文化最大の遺跡「モヨロ貝塚」の発掘者

続々『ほっかいどう百年物語』

間宮林蔵（まみやりんぞう）間宮海峡を発見した探検家
更科源蔵（さらしなげんぞう）弟子屈町出身「原野の詩人」
伊達保子（だてやすこ）伊達市の発展に尽くした伊達藩主の姫君
南部忠平（なんぶちゅうへい）ロサンゼルスオリンピック三段飛びで道産子初の金メダリスト
大友亀太郎（おおともかめたろう）創成川の基となる大友堀を完成させた
時雨音羽（しぐれおとは）「スキー」「君恋し」を作詞した利尻町出身の作詞者
松本十郎（まつもとじゅうろう）アイヌ民族に理解を示した悲運の開拓判官
坂本直行（さかもとなおゆき）十勝の原野に生きた農民画家
沼田喜三郎（ぬまたきさぶろう）沼田町の町作りの基礎を築いた功労者
中城ふみ子（なかじょうふみこ）数奇な運命を辿り、夭逝した「愛の歌人」
泉麟太郎（いずみりんたろう）不屈の精神力で栗山町の発展に寄与
高橋掬太郎（たかはしきくたろう）名曲「酒は涙かため息か」の作詞者
牧口常三郎（まきぐちつねさぶろう）世界平和・人間主義を貫いた教育者
庄田萬里（しょうだまさと）上湧別町で地域医療に生涯を捧げた医師

廣井　勇（ひろいいさみ）小樽に日本初の近代防波堤の基礎をつくった
伊藤長右衛門（いとうちょうえもん）廣井の意志を継ぎ近代防波堤を完成させた
半澤　洵（はんざわじゅん）納豆を日本の家庭に普及させた納豆博士
木村文助（きむらぶんすけ）作文教育の指導に生涯を捧げた教育者
金井武雄（かないたけお）松下幸之助から「日本一のメガネ屋さん」の称号を得た商人
高橋房次（たかはしふさじ）「コタンのシュバイツァー」白老の医師
山崎定次郎（やまざきさだじろう）丹頂鶴の餌付けに成功し、絶滅の危機を救った阿寒町の農民
クサヴェラ・レーメ　藤学園創立に貢献し女子教育に生涯を捧げたドイツ人修道女
下田喜久三（しもだきくぞう）岩内の地に日本で初めてアスパラ栽培を成功させる
寺井四郎兵衛（てらいしろべえ）北海道の社会福祉の基礎を築いた函館の商人
中川イセ（なかがわいせ）10代で遊郭勤めを経験した網走市初の女性市会議員
加藤建夫（かとうたてお）「加藤隼戦闘隊」で有名な旭川出身の軍人
錦戸善一郎（にしきどぜんいちろう）日本のリュージュ競技の発展に貢献
前田光子（まえだみつこ）阿寒の自然を守り続けた前田一歩園3代目園主
高橋延清（たかはしのぶきよ）「どろ亀さん」富良野市にある東大演習林の育ての親

安芸左代（あきさよ）「庁立高女の象徴」女子教育に生涯を捧げた教育者
大刀　豊（だいとうゆたか）「札幌地下鉄の生みの親」札幌市交通局長
石垣福雄（いしがきふくお）「生きてる言葉」を辞典にまとめた北海道方言研究の第一人者
相原求一朗（あいはらきゅういちろう）北海道の風土を描き続けた洋画家
村田吾一（むらたごいち）羅臼の観光の発展に貢献した「知床のおやじ」
大場一刀（おおばいっとう）日本の和太鼓発展に貢献した北海道太鼓の父
十勝ワイン物語　池田町の未来をかけた町民たちの一大プロジェクト

第4集『ほっかいどう百年物語』

土方歳三（ひじかたとしぞう）箱館戦争で壮絶な死を遂げた元新撰組副長
森　稔（もりみのる）人間魚雷「回天」で南海に散った赤平出身の若者
飛沢栄三（とびさわえいぞう）北海道高校野球の父、初代北海高校監督
永倉新八（ながくらしんぱち）余生を北海道で送った新撰組四天王
高田富與（たかだとみよ）「人間・高田富與」弁護士出身・第5代札幌市長
長浜萬蔵（ながはままんぞう）本郷商店街の基礎作りに尽力した功労者
田本研造（たもとけんぞう）幕末の写真家で北海道写真の草分け
二宮尊親（にのみやたかちか）豊頃町の基礎を築いた二宮尊徳の孫
堂本義雄（どうもとよしお）初代旭川天文台長
現如上人と東本願寺（げんにょしょうにん）東本願寺札幌別院の創設者
横山芳介（よこやまよしすけ）北大寮歌「都ぞ弥生」の作詞者
八洲秀章（やしまひであき）真狩村が生んだ「あざみの歌」の作曲家
飯沼貞吉（いいぬまさだきち）札幌にいた白虎隊ただ一人の生存者
桂田芳枝（かつらだよしえ）数学で我国初の女性理学博士、北大初の女性教授

二反田岳水（にたんだがくすい）薩摩琵琶錦心流の現役伝承者
函館・五島軒（ごとうけん）明治12年創業、北海道を代表する西洋料理店
三岸好太郎（みぎしこうたろう）夭折した天才洋画家
栗原　徹（くりはらとおる）サーカスに魅せられた青年
弁開凧次郎（べんかいたこじろう）アイヌ民族と和人の架け橋になったコタン部落の村長
本間泰蔵（ほんまたいぞう）国稀酒造の創業者
名寄岩静男（なよろいわしずお）大関に返り咲いた、名寄市が生んだ偉大な力士
簗田郡太郎（やなだぐんたろう）若き日に任侠の世界に生きた夕張市初代市議会議長
ジョン・バチェラー「アイヌの父」と呼ばれたイギリス人宣教師
新十津川町物語（しんとつかわちょう）大災害で土地を失った奈良県十津川からの入植者
太田金一（おおたきんいち）猿払の海を命がけで蘇らせた漁協組合長
岡田普理衛（おかだふりえ）上磯町トラピスト修道院を創立したフランス人宣教師
小林多喜二（こばやしたきじ）小樽出身のプロレタリア文学の先駆者
金子鷗亭（かねこおうてい）「近代詩文」を確立した函館出身の書家
ピアソン夫妻　北海道各地で伝道活動を行ったアメリカ人宣教師夫妻

北村　黽（きたむらびん）北村発展の功労者

小池九一（こいけきゅういち）北海道の社会福祉事業の功労者

山口初太郎（やまぐちはつたろう）第9代札幌市立豊水小学校校長

第5集『ほっかいどう百年物語』

坂本直寛（さかもとなおひろ）北海道に理想郷を目指した坂本龍馬の甥
月形龍之介（つきがたりゅうのすけ）戦前・戦後の時代劇大スター
柳川熊吉（やながわくまきち）明治初め函館で任侠に生き、碧血碑を建立した男
余市リンゴ物語（よいち）旧会津藩士たちの忠義の結晶
関場不二彦（せきばふじひこ）北海道医師会の創設者
藤田市五郎（ふじたいちごろう）北海道初の西洋野菜栽培の先駆者
浅井淑子（あさいよしこ）北海道初の洋装学校の創設者
原田與作（はらだよさく）冬季オリンピックを札幌に誘致した第6代札幌市長
宣教師ニコライ（イワン・カサートキン）ハリストス正教会3代目司教
本郷　新（ほんごうしん）人間の純粋な感情を表現し続けた、記念碑「氷雪の門」の制作者
留岡幸助（とめおかこうすけ）北海道家庭学校の創設者
吉野　勲（よしのいさお）「春高バレー」全国制覇・妹背牛商業高校監督
今井篁山（いまいこうざん）北海道民謡の父
本庄陸男（ほんじょうむつお）ベストセラー「石狩川」を書いたプロレタリア作家

かにめし・いかめし物語　北海道の味覚を代表する駅弁

山本多助（やまもとたすけ）阿寒アイヌコタンの長老

犬飼哲夫（いぬかいてつお）南極犬タロ・ジロの育て親

西村計雄（にしむらけいゆう）北海道が誇る世界的洋画家

野口吉次郎（のぐちきちじろう）「北の誉」の創業者

佐野文子（さのふみこ）旭川で廃娼運動に取り組んだ女性

本間　保（ほんまたもつ）オホーツク水族館　館長

宮部金吾（みやべきんご）北海道大学植物園の生みの親

飯田常雄（いいだつねお）えりも町・緑化運動の立役者

村田丹下（むらたたんげ）「写実の鬼」知られざる大雪山画家

金井五郎（かないごろう）「秀岳荘」の創業者

伊藤一隆（いとうかずたか）鮭のふ化事業の功労者

原　胤昭（はらたねあき）免囚保護の父——教誨師

板東陶光（ばんどうとうこう）陶芸大国北海道の功労者

富田ユキ（とみたゆき）富良野ラベンダーの母

田中利明（たなかとしあき）紋別出身の卓球世界チャンピオン
近藤重蔵（こんどうじゅうぞう）首都札幌の生みの親
会田久左ェ門（あいだきゅうざえもん）凌雲閣の創設者

第6集『ほっかいどう百年物語』

宇野千代（うのちよ）情熱的な恋愛遍歴を重ねた国民的女流作家
渡辺良作（わたなべりょうさく）北海道の大地に砂金掘りの夢を託した男
田上義也（たのうえよしや）北方建築の基礎を創った情熱の建築家
続　豊治（つづきとよじ）日本人で初めて西洋船を造った船大工
福士成豊（ふくしなりとよ）日本人で初めて気象観測所を函館に開く
子母澤寛（しもざわかん）厚田村出身の昭和を代表する時代小説家
本間一夫（ほんまかずお）増毛町出身・日本点字図書館の発展に寄与した
島本　融（しまもととおる）北海道銀行の創設者
田辺三重松（たなべみえまつ）函館出身の北海道を描いた洋画家
紀藤義一（きとうぎいち）ウトナイ湖周辺の野鳥保護運動の推進者
中川五郎治（なかがわごろうじ）日本で初の牛痘法による予防接種を成功させた
宇都宮仙太郎（うつのみやせんたろう）日本酪農の父
島木健作（しまきけんさく）札幌出身のプロレタリア作家
澤　茂吉（さわしげきち）サラブレット王国・日高の基礎を築いた

松尾政治（まつおまさじ）松尾ジンギスカンの創業者
島本虎三（しまもととらぞう）国会議員から仁木町長となり町おこしに尽力した
伴　素彦（ばんもとひこ）冬季オリンピック・日本初のジャンパー
中村信以（なかむらしんい）富貴堂の創業者
永久保秀二郎（ながくぼしゅうじろう）アイヌ教育に生涯を捧げた教育者
柴崎重行（しばざきしげゆき）野にある無冠の芸術家
朝日　昇（あさひのぼる）馬産王国・豆王国十勝の基礎を築いた
内田正練（うちだまさよし）日本人初のオリンピック水泳選手
浅原久吉（あさはらひさきち）「北一硝子」の創業者
上野茂樹（うえのしげき）観光地・知床の発展に寄与した知床第一ホテル創業者
辻村もと子（つじむらもとこ）岩見沢出身の樋口一葉賞受賞作家
佐藤在寛（さとうざいかん）北海道盲聾唖教育の父
稲田家静内入植物語　淡路島から入植し静内町の基礎を築いた
滝本金蔵（たきもときんぞう）登別温泉湯守として名湯を世に広めた
神八三郎（じんはちさぶろう）「日本釧路種」を作った馬の神様

渋谷吉尾（しぶやよしお）かんじきソフトボールの考案者
網走流氷観光砕氷船「おーろら」物語　ふるさと企業大賞受賞
山田範三郎（やまだはんざぶろう）日本育児園分院農園「北星園」の設立者
素木しづ（しらきしづ）「樋口一葉の再来」といわれた片足の女流作家

第7集『ほっかいどう百年物語』

萱野　茂（かやのしげる）アイヌ民族のため、アイヌ文化の継承・保存のために生涯をつくした人
若狭函寿（わかさはこす）北海道が誇る銘菓「わかさいも」の創業者
内村鑑三（うちむらかんぞう）日本を代表するキリスト教伝道者
おおば比呂司（おおばひろし）ユーモラスな作風で全国から脚光を集めた、札幌出身の漫画家
徳川義親（とくがわよしちか）八雲町で農村美術運動を興した徳川第19代当主
栗谷川健一（くりやがわけんいち）北海道を描き続けたデザイン界の第一人者
斉藤与一郎（さいとうよいちろう）天然痘・結核の撲滅に尽力した医師で、後の函館名市長
伊福部昭（いふくべあきら）「ゴジラ」「座頭市物語」など日本映画史上に残る名作を作曲
高松凌雲（たかまつりょううん）「日本赤十字の祖」と呼ばれた旧幕府側の医師
朝倉力男（あさくらりきお）生涯、雪を描き続けた旭川在住の画家
福居天童（ふくいてんどう）10代で視力を失い、独自に漫芸を築き上げた
田中敏文（たなかとしふみ）道民の先頭に立って北海道復興に尽力した、初代北海道知事

大川宇八郎（おおかわうはちろう）十勝内陸で多くの入植者を助け、敬慕《けいぼ》された開墾の祖

小林正俊（こばやしまさとし）「よいとまけ」で知られる苫小牧三星の三代目

浜田輝男（はまだてるお）日本の航空業界に新風を吹き込んだエア・ドゥ創設者

山下　正（やましたただし）洋食文化創世期のレストラン「第一洋食店」の二代目店主

松本春子（まつもとはるこ）女流書道家で日本の仮名の第一人者

花岡義信（はなおかよしのぶ）篠路歌舞伎の立役者

苫小牧スモークサーモン物語　北海道の名産品スモークサーモン

居串佳一（いぐしかいち）北海道特有のモチーフを、力強く重厚に描いたオホーツクの洋画家

岡田健蔵（おかだけんぞう）大切な本を守ろうと私財を投げ打ち、図書館に人生を捧げた

長原　實（ながはらみのる）斬新なデザインで旭川家具を世界に発信した

吾妻　謙（あがつまけん）当別町を開墾した伊達岩出山《いわでやま》藩家老

豊田祐一（とよたゆういち）わずか20粒のメロンの種でふるさと夕張の存亡を救った

漆谷勝太郎（うるしやかつたろう）北海道初のアイスクリームを製造した「美園アイスクリーム」店主

深井克美（ふかいかつみ）「未完のランナー」函館出身の悲劇の画家

片岡新助（かたおかしんすけ）私財を投げ打って博物館の建設に尽力した釧路市立博物館初代館長

水野　貞（みずのてい）道東初の私立根室女子小学校と初めての女性校長の誕生

第8集『ほっかいどう百年物語』

船山　馨（ふなやまかおる）波乱の生涯を終えた札幌出身のベストセラー作家

坂市太郎（ばんいちたろう）夕張に石炭があることを突き止めた道庁技師

千代の山雅信（ちよのやままさのぶ）強さと弱さの狭間で苦悩した北海道第一号の横綱

伊能忠敬（いのうただたか）一歩一歩、日本の大地を踏みしめて測量したひと

高橋竹山（たかはしちくざん）津軽三味線を全国に広めた盲目の巨匠

名塩良造（なしおりょうぞう）何より信用と恩に報いることを大切にしたお菓子のナシオ創業者

小川原脩（おがわらしゅう）従軍画家として十字架を背負い続けた倶知安町出身の画家

青函トンネル物語　度重なる困難に立ち向かった作業員たち

中島三郎助（なかじまさぶろうすけ）徳川家に義を貫き、箱館戦争で壮絶な死を遂げた親子

吉田善哉（よしだぜんや）数々の名馬を世に送り出した社台ファーム創業者

畠山哲雄（はたけやまてつお）夕張の文化運動の中心的な役割を果たした画家

渡邉熊四郎（わたなべくましろう）人々の生活向上のためひたすら尽力した

高橋正弘（たかはしまさひろ）室蘭が生んだ北海道サッカー界の偉大な指導者
牧野キク（まきのきく）校長クサベラ・レーメを支えた藤学園発展の功労者
関根タメヨ（せきねためよ）小清水に開墾の足跡を残し、自然保護運動に身を捧げた女性
佐藤　貢（さとうみつぐ）北海道農業に新たな革命を起こした雪印乳業初代社長
川村カ子ト（かわむらかねと）和人とアイヌ民族の心のレールをつないだ天才的測量士
象の花子物語　象と暮らした男の愛情物語
大川春義（おおかわはるよし）生涯をかけて１００頭の熊を射止めた執念のハンター
久保兵太郎（くぼひょうたろう）レンガを江別の地場産業にした江別レンガの父
丘珠獅子舞物語（おかだましししまいものがたり）北海道の貴重な伝統芸能丘珠獅子舞
沢辺琢磨（さわべたくま）幕末の函館で日本初のロシア正教会司祭となった坂本龍馬の従兄弟
高畑利宜（たかばたけとしよし）岩村通俊の無二の親友だった、上川開発の祖
柳田藤吉（やなぎたとうきち）函館に外国貿易の基礎を築き、根室開発に人生を捧げた
月寒あんぱん物語　百年の歴史がある月寒の名産品

小田切栄三郎（おだぎりえいざぶろう）弟子屈の発展のために有畜農業に情熱を傾け続けた

田村顕允（たむらあきまさ）伊達邦成を支え伊達に士族の町を築き上げたひと

栗本鋤雲（くりもとじょうん）函館医学所を創設し「未来」への種を蒔いた

第9集『ほっかいどう百年物語』

大鵬幸喜（たいほうこうき）大相撲黄金時代を築いた不滅の名横綱
丸木　俊（まるきとし）反戦に立ち上がり、平和を描き続けた画家
道下俊一（みちしたとしかず）浜中町霧多布で地域医療に身を捧げた医師
新島善直（にいじまよしなお）黒松内町の歌才ブナ林の発見者
長谷川海太郎（はせがわかいたろう）3つのペンネームを持つ函館出身のベストセラー作家
相馬　暁（そうまさとる）クリーン農業を提唱した野菜博士
鈴木福子（すずきふくこ）札幌聴力障害者協会の草分け
内田　瀞（うちだきよし）北海道の土に生き、土となった札幌農学校第一期生
伊藤　整（いとうせい）小樽が誇る文豪・伊藤　整と雪あかりの路
円山動物園　象の花子とリリー物語　飼育員たちの喜びと苦悩の日々
浜野増次郎（はまのますじろう）ホテル萬世閣の創業者
浜野　豊（はまのゆたか）卓越した見識と実行力で萬世閣をリゾートホテルに変貌させた2代目

トネ・ミルン　イギリス人地震学者に嫁いだ堀川トネ

深沢吉平（ふかざわきっぺい）空知農業に革命を起こした男

九島勝太郎（くしまかつたろう）札幌プレクトラム・アンサンブルの創設者

最上徳内（もがみとくない）蝦夷地探検の先駆者

赤木寅一（あかぎとらいち）日本最後の秘境・地の果てウトロ発展の功労者

フィリップ・グロード　高齢者総合施設・旭ヶ岡の家の創設者

前原　懿（まえはらあつし）パークゴルフの考案者

三浦ゆき（みうらゆき）洞爺湖温泉街の名物女将《おかみ》

三沢　毅（みさわつよし）明治維新の屈辱をばねに、琴似地区の発展を成し遂げ生きた会津魂の男

前田駒次（まえだこまじ）不撓不屈の精神で北見に稲作をもたらした立役者

小熊秀雄（おぐまひでお）波瀾万丈の短い人生を駆け抜けた、詩人

第10集『ほっかいどう百年物語』

飯田三郎（いいださぶろう）「ここに幸あり」などの大ヒット曲を生み出した根室出身の作曲家
板垣武四（いたがきたけし）冬季オリンピックやさっぽろ雪まつりを大成功に導いた、第7代札幌市長
山田忠義（やまだただよし）小樽の街で帽子づくりに生涯を捧げた生粋《きっすい》の帽子職人
白井柳治郎（しらいりゅうじろう）虻田小学校校長として半世紀を虻田の人々ともに生きた教育者
秋山康之進（あきやまこうのしん）医薬品の販売最大手、秋山愛生舘の創業者
高橋良治（たかはしりょうじ）釧路市丹頂鶴自然公園名誉園長
町村敬貴（まちむらひろたか）90年の歴史を誇る町村牧場の創業者
蠣崎波響（かきざきはきょう）松前藩家老であり、江戸時代中期に活躍した画家
名取マサ（なとりまさ）「富良野国の子寮」の寮母
丹葉節郎（たんばせつろう）故郷とアイヌ民族をこよなく愛した釧路の名物公民館長
伊達邦成（だてくにしげ）家臣250人を率いて、伊達市の礎を築いた仙台支藩亘理藩主
菅野豊治（すがのとよじ）土を愛し、農業の大切さを訴えたスガノ農機創業者

岩田徳治（いわたとくじ）道内最大手、岩田地崎建設の創業者
福屋茂見（ふくやしげみ）「牛乳は土から搾《しぼ》れ」という格言を後世に残した恵庭の酪農家
午来　昌（ごらいさかえ）知床のユネスコ世界自然遺産登録の功労者
佐藤三男（さとうみつお）独自の技術で多くの鮭製品を生み出している「佐藤水産」の創業者
篠崎清次（しのざきせいじ）函館訓盲院院長として、子供たちの教育に生涯を尽くした
奥村喜十郎（おくむらきじゅうろう）大正金時の名付け親で「大正金時の父」と呼ばれた
札幌市中島児童会館と人形劇場「こぐま座」物語
日本で最初の公立児童館と日本で初めて作られた公立の人形劇専門の劇場
藤山要吉（ふじやまようきち）小樽の発展に功績を残した海運業者
泰東丸の悲劇　留萌沖でソ連の潜水艦から攻撃を受けた民間人を乗せた船の悲劇
加納宇平（かのううへい）増毛に大きな足跡を残した増毛町の第7代町長
伊達邦直（だてくになお）数々の苦難を乗り越え当別の町を切りひらいた、仙台藩支藩・岩出山藩の殿様

※本書は、このたびの〝北海道命名150年〟を記念して、2010年から2017年にSTVラジオで放送された「ほっかいどう百年物語」の放送原稿に加筆・訂正を加え出版したものです。

STVラジオ　ほっかいどう百年物語　制作スタッフ

構成作家　佐々木信恵
プロデューサー　上林　史明
ディレクター　福島　美香
監修　阿部　ユポ
ナビゲーター　内山　佳子
（STVアナウンサー）

声の出演　三上　勝由
くどうみき
岡田　雅夫
中野　英一
工藤　準基

協力　ナレーターズユニット・ビーブレス

北海道命名150年記念
ほっかいどう百年物語　上巻

発　行　　2018年12月27日　初版第１刷
編　者　　ＳＴＶラジオ
発行者　　林下　英二
発行所　　中西出版株式会社
〒007-0823 札幌市東区東雁来3条1丁目1-34
TEL 011-785-0737　FAX 011-781-7516

印　刷　　中西印刷株式会社
製　本　　石田製本株式会社
落丁・乱丁本は、お取り替え致します。